Herbert Felbermayr

ETWAS MODERNER, HERR LEHRER!

Herbert Felbermayr

Ein bißchen moderner, Herr Lehrer!

MIRIAM-VERLAG

1. Auflage, 1. - 5. Tausend, 1989

Auslieferung in Österreich:

Mediatrix-Verlag, 3423 St. Andrä-Wördern, Gloriette 5

Gesamtherstellung:

Miriam - Verlag · D-7893 Jestetten

ISBN 3-87449-201-X

Inhaltsverzeichnis

Vorwort

Ein Wertewandel vollzieht sich vor unser aller Augen. Breit angelegt, zielorientiert und schier unaufhaltsam rollt uns eine Neue-Zeit-Welle entgegen. Sie umfaßt fast alle Bereiche des modernen Lebens: Bildung, Wissenschaft, Kunst, Politik, Wirtschaft, Technik, Ökologie, Religion ... Erfolg und Magie, Feuerlaufen und Esoterik, Jenseitsglaube und Wiedergeburt, Abtreibung und Pille, positives Denken und Geistheilung, Hard Rock und Discofieber, Sekten und Teufelskulte, Krieg und Frieden ...

Im Veranstaltungsprogramm 1988 eines katholischen Kulturzentrums für Erwachsenenbildung werden Wochenendkurse über »Esoterische Astrologie« viermal angeboten. Der junge Bildungswerkleiter und katholische Priester eröffnete mir seine Sorgen und Bedenken über die Fremdartigkeit und Kälte, die dieser elitäre Zirkel ausstrahlt, fernab allen christlichen Denkens. Hat sich da ein moderner Hexenkult eingenistet? Übrigens in Wien zum Beispiel gibt es bei öffentlichen Bildungseinrichtungen Hexenkurse, die auch als solche deklariert werden. Ehemalige Geheimwissenschaften werden heute ans Volk herangetragen.

Der 13jährige Gerald erzählte mir, er besitze viele Hard-Rock-Platten, und mit 14 handelte er geheim mit Videobändern über Satansfilme, zu deren Vorführung er seine gleichaltrigen Klassenkollegen einlud. Harald war auch 13, als er in der Schule ein schwarzes Leibchen mit großer Teufelsfratze trug (Black Sabbath). Er erzählte mir stolz, er habe es anläßlich des Kirchweihtages am Marienwallfahrtsort bekommen.

Einzelfälle?

Spitze eines Eisberges?

Dieser Frage bin ich nachgegangen. Ein gewaltiger Eisberg zeigte sich, freilich der größte Teil auf den ersten Blick nicht bemerkbar. Ein Stück dieses Eisberges soll in der vorliegenden Schrift dargelegt werden als Kurzinformation für Menschen, die christlich denken und leben. Gegen Schluß der Broschüre bringe ich Lösungsvorschläge in dem Sinne: In jedem Menschen wohnt ein Abgrund, den man nur mit Gott füllen kann.

Der Verfasser

Die Herausforderung

Erfolg in der Schule?

Ich war gut vorbereitet, meinte ich. Mit Kassettenrekorder und Meditationsbildern ausgerüstet betrat ich das Klassenzimmer. Als die Schüler mich wahrnahmen, ebbten die aufgeregten Gespräche etwas ab.

Irgendetwas war diesmal in der Klasse anders. Auch waren die Augen der Jugendlichen fragender auf mich gerichtet als sonst. Wir hatten erst die zweite Schulwoche, und ich dachte mir, das neugierige Verhalten gelte meiner Person, alles werde sich schon noch einspielen, gerade bei den 15jährigen.

Als Thema der Stunde war geplant »Wege zum Glück«. Kaum hatte ich die Denkanstöße dazu ausgesprochen, da nahm ich an der Rückseite des Klassenzimmers farbige Posters wahr: Die ganze Wand war ausgefüllt mit leuchtenden Gestalten und Gesichtern.

Ich unterbrach meine Impulse über die »Wege zum Glück« und über die Grundpfeiler, die das persönliche Glück tragen sollten und deutete auf die Bilder an der Rückwand. Die Schüler waren wie versteinert. Ich näherte mich den Posters und bemerkte, daß es sich um Musiker aus der Rock-Szene handelte. Ich deutete mit der Hand auf eine besonders auffällige »Künstlerin« und fragte, was diese Poster zu bedeuten hätten. Eine nette, dickliche, aufgeputzte Schülerin meinte: »Das sind alles Musiker, die viel für die hungernden Menschen spenden.« — »Und wozu hängen die in der Klasse?« wagte ich zu fragen. »Das sind unsere Idole!« rief der Wirtssohn mit seinem runden Gesicht schlagfertig heraus, als ob er auf diese meine Frage gewartet hätte.

Jetzt wußte ich alles. Auch daß die Jugendlichen meinen, es handle sich um wahrhafte Vorbilder. Waren das ihre Wege zum Glück? Oder wollten sie mich nur ablenken? Sicher war für mich nur, daß ich meinen Unterricht mit dem Thema »Wege zum Glück« nicht mehr fortsetzen konnte. Ich warf einen Blick auf mein Konzept, das am Lehrertisch lag, dort stand: »positive persönliche Beziehung zu einem Freund oder einer Freundin; die Gesundheit des Leibes und der Seele; das gesicherte Fortkommen; Beruf, Ansehen und Karriere; Ideale, die dem Leben Sinn geben sollten.« — Eine Änderung meines Unterrichtes, des Programmes war angezeigt.

So entschied ich mich spontan für eine umfassende Aufklärung nach dem Leitsatz aus der Pädagogischen Akademie: »Man soll das Eisen schmieden, solange es glüht.« Ich fühlte mich stark und holte weit aus: »Ihr sprecht von Idolen? Wißt ihr denn nicht, daß es den Fotografen, den Verlagen und den Rockmusikern nicht darum geht, euch Vorbilder anzubieten? Es geht ihnen nur ums Geld! Um euer Geld! Wenn für dieses Poster eine Million Jugendliche 15 Schilling zahlen, dann beträgt der Umsatz für den Verlag nicht weniger als 15 Millionen. Alles euer Geld! 15 Millionen in einer Woche. Diese Poster werden verschiedenen Illustrierten beigelegt und im Abonnement wöchentlich vertrieben. Der Name der sogenannten Jugendzeitschrift scheint in Großbuchstaben als Werbung auf dem Plakat auf.«

Ich fragte die Jugendlichen, wer so eine Zeitschrift jede Woche kaufe oder sich entlehne und lese. Die halbe Klasse zeigte auf. Ich fühlte mich mit meinem Programm an die Wand gedrückt und setzte zur zweiten Aufklärungsrunde an: »Was wird in diesen Jugendillustrierten geboten? Drastisch gezeichnete, auf Situationsspannung berechnete Bildgeschichten, kriminelle Verhaltensweisen Jugendlicher und Befriedigung einer geistlosen Unterhaltungssucht. Es werden abnormale Verhaltensweisen im geschlechtlichen Bereich dargeboten, und die Schreiber solcher Schmierblätter spekulieren mit dem triebmäßigen Verlangen nach ähnlichen abenteuerlichen Sensationen. Der Körper des Mädchens, der Frau, des Burschen und der Männer wird nach kommerziellen Gesichtspunkten vermarktet und die menschliche Würde mit Füßen getreten.

Diese Hefte sind für mich eine Sintflut der Schlechtigkeit. Und ein Arzt hat nachgewiesen, daß die Blutdruckwerte bei Jugendlichen heute viel höher liegen als vor einigen Jahrzehnten, Kreislauferkrankungen und Neigung zu Herzinfarkten sind heute schon bei Achtzehnjährigen festzustellen. Das sind, so erkannte der Arzt, die körperlichen Reaktionen auf geistig-seelische Ursachen, die Folgen ständiger Reizüberflutungen. Ich will in diesem Zusammenhang noch gar nicht eingehen auf die Jugendkriminalität, auf sich vermehrende sexuelle Abwegigkeiten, auf die Drogensucht und auf die Morde, die vor einigen Jahren nach einem exzeßhaften Hard-Rock-Konzert passiert sind.« Diese meine scharfe Kritik gegen die Poster an der Rückwand der Klasse schien einem recht aufmerksamen Mädchen zuviel gewesen zu sein, sie unterbach meine Rede: »Aber die Musiker auf unseren Posters haben mit all diesen Dingen nichts zu tun!«

»Mag sein«, gab ich zu, »wir können ja eine nähere Untersuchung anstellen. Bitte, schreib mir die Namen der dargestellten Sänger und Musiker auf. Über das Wochenende werde ich mich genauer erkundigen.« — »Aber eines ist sicher«, setzte ich nach,« daß die Jugendlichen in eine Scheinwelt gelockt werden, in der sie sich zunächst wohlfühlen. Aber der junge Mensch erfährt keine Orientierung. Es wird kein Weltbild aufgebaut, das den jungen Menschen zum Glück führen kann. Diese Texte und Fotos verrammeln die Möglichkeit, die Welt zu durchschauen, zu begreifen und umzuwandeln. Es reift kein Menschenbild heran, nach dem das eigene Leben gestaltet werden könnte.«

Irgendwie kam ich mir gut vor, daß mir so viele Argumente eingefallen sind. Kein Wunder, habe ich doch vor Jahren in einer umfassenden Hausarbeit dieses Thema behandelt.

Eine Stimme in mir wurde wach und fragte: »Glauben dir die jungen Leute auch? Die Argumente sind zwar bezwingend, aber können sich die Jugendlichen darauf einlassen?« In der nächsten Pause fragte ich den zuständigen Klassenvorstand: »Hast du die Poster oben im Polytechnischen Lehrgang gesehen?« — »Ja, warum?« war die verwunderte Antwort.

»Wozu sollen die gut sein?« wollte ich wissen. Der Kollege erklärte mir: »Die Schüler haben gebeten, die Klasse ein wenig wohnlich herrichten zu dürfen. Sie wollten ihre Musiker-Idole in der Klasse haben. Das paßte mir gut in das Programm, weil ich gerade im Fach Lebenskunde diesen Themenkreis behandle. Aber warum fragst du?« — »Weil ich dagegen bin, daß wir in der Schule Werbung betreiben, auch nicht Negativwerbung für oder gegen sogenannte Jugendzeitschriften. Außerdem wird mit den großen Aufdrucken für etwas geworben, was ich nicht will, nämlich Geschäft mit dem menschlichen Körper!«

»Aber, lieber Kollege«, beruhigte mich mein Partner, »du wirst doch wissen, daß es sich in beiden Fällen um anerkannte Jugendzeitschriften im deutschen Sprachraum handelt, und ich halte die Diskussion der jungen Leute darüber für sinnvoll.«

Die Meinungen waren ausgetauscht, und ich erkannte, daß mein Bestreben, Schmutz und Schundhefte sowie wertlose, verführerische Posters aus der Klasse zu verdrängen, erfolglos war.

Sollte ich die Schulbehörde einschalten? Das Aufsehen, verbunden mit amtlichen Weisungen und Zurechtweisungen, wollte ich vermeiden. So begnügte ich mich damit, den Kollegen kleinlaut zu bitten, daß die Bilder nach Beendigung der Diskussionsgespräche ausgetauscht werden mögen. Ich schlug vor, Tier-, Natur- oder Sportlerbilder oder Posters über Urlaub und Freizeit aufzuhängen.

Black Sabbath

Noch gab ich nicht auf, und ich studierte in den nächsten Tagen einschlägige Literatur, um eine Woche später den Jugendlichen zu erzählen, was ich über die mir genannten Sänger gefunden hatte. Ich begann so: »In unserer technischen und nüchternen Zeit sehnen sich die Menschen und vor allem die Jugend nach Übernatürlichem. Die Kirche hat auf die Jugend nur geringen Einfluß und kann bei vielen jungen Menschen diese religiösen Bedürfnisse nicht mehr befriedigen. Dies haben Rockmusiker erkannt, sie nützen den Umstand aus. Die Musik vermag den Menschen, vor allem aber den Jugendlichen, in bestimmte Stimmungen zu bringen. Bestimmte Tonarten erzeugen bestimmte Gefühle. Das ist altbekannt.

Um die Gefühlseindrücke und die Sinneswahrnehmungen zu steigern, verbinden sich manche Rockmusikergruppen mit Magie und Dämonen. Auf den Schallplattenhüllen kann man die Bilder dazu sehen. Die Plattenhülle zum Beispiel von R. D. Solo-LP „Holy Diver" (1983) zeigt eine gespenstische Szene, die so aussieht: Eine Teufelsgestalt hat einen als Priester dargestellten Mann mit Ketten gefesselt und ist gerade dabei, ihn in das tobende Meer zu stürzen.

Und der amerikanische Plattenproduzent B. E. beschreibt seine Musiker so: „Sie sind Symbole des entfesselten Bösen und der ungezügelten Sinnlichkeit."

In dem Song „Living easy, loving free"*, von einer australischen Hard-Rockgruppe gesungen, heißt es wörtlich: „Ich bin auf dem direkten Weg zur Hölle, keine Stoppschilder, kein Tempolimit, niemand kann mich bremsen. Hey Satan, ich zahle meine Schulden."

Der Iron-Maiden-Sänger B. D. singt: „Du hast mit 13 deinen ersten Mann getötet, mit 16 kämpfen gelernt und den Weg des Kriegers als den richtigen erkannt. Sonnenlicht fällt auf deinen Stahl, der Tod ist dein Lebensideal."

Die Sänger richten sich so her, daß sie nach Horror und Hölle aussehen. E. zeigt sich als Mumie in Ketten auf der Bühne, und H. liebt sich möglichst fürchterlich und ekelig.

Die Gruppe „Black Sabbath" richtet sich aus nach satanischen Verhaltensweisen. Und von den Rolling Stones stammt der Song „Sympathie für den Teufel". Und als die Rolling Stones bei einem Konzert in Altamont im Dezember 1969 diesen Song spielten, wurden von den „Hell's Angels" (Höllenengeln) mehrere Menschen totgeschlagen.

Die Gruppen, die sich mit Okkultem verbinden, gehören fast alle der Hard-Rock oder Heavy Metal-Branche an. Sie huldigen Luzifer, dem Okkulten, dem Terror, der Gewalt, dem Tod und einer Portion Faschismus. Sie rebellieren gegen die christlichen Werte und singen Hymnen für Satan. So erzeugen sie bei den Zuhörern ein „Super-Feeling" und befriedigen zunächst die Neugierde der Jugendlichen. Diese kommen in Ekstase, schreien, toben, ziehen sich aus, zertrümmern, zerstören, werden brutal, wenden Gewalt an, und es kommt zum Mord.

Schlägereien nach Bierexzessen sind bei Heavy-Metal-Konzerten an der Tagesordnung.

Während dieser Konzerte genießen die Jugendlichen das „Ausflippen" und die Trancezustände.

Rockgruppen, die dieses Gefühl erzeugen, sind Seelenverführer. Durch Rauschzustände und Massenhysterie werden die Jugendlichen verführt. Davor möchte ich jeden jungen Menschen bewah-

---

* In Anlehnung an „Wir wollen nur Deine Seele" von U. Bäumer.

ren. Mit dem Satan soll man sich nicht einlassen, sonst wird man ihn nicht mehr los.

In der Bibel heißt es: „Seht zu, daß euch niemand verführe!" (Mt 24, 4). Und das Geschäft mit der Jugend blüht: Zehntausende von „Erdhunden" und „Höllenratten", so werden die Besucher der Konzerte genannt, bringen ihr Geld und füllen die Konzerthallen. Plattenindustrie, T-Shirts und Fanmagazine „beleben" den Markt.

Ich nenne das „Ausbeutung" der Jugend.«

Und so fanden meine Aufklärungen einen Abschluß: »Das alles habe ich über zwei Sänger auf euren Plakaten gelesen. Ihr könnt euch vorstellen, daß ich in großer Sorge bin und ersuche euch, darüber nachzudenken. Vielleicht wechselt ihr die zwei genannten Posters aus mit Tierbildern. Und jetzt wollen wir die Meinung der einzelnen hören. Ich eröffne die Diskussion.«

Nach diesem meinem Statement verteidigten die Schüler ihre Ansicht, daß es sich um normale und erfolgreiche Sänger handle und das Klassenzimmer weiterhin damit geschmückt werden solle.

Ich gab auf. Mein Bemühen war erfolglos.

In der nächsten Zeit ignorierte ich die Bilder und kam nicht mehr darauf zu sprechen.

Schwarze Magier

Sechs Wochen später beobachtete ich, daß sich ein 15jähriger auf seinen schwarzen Aktenkoffer mehrere Teufelsfratzen der Gruppe »Schwarze Magier« geklebt hat. Er trug die Tasche stolz herum und setzte sich in die erste Reihe, damit jeder Lehrer seine Idole sehen konnte. Ein anderer trug auf bloßer Haut ein schwarzes T-Shirt mit dem Totenkopf darauf, der zur Teufelsfratze abgeändert war. Darunter stand mit flammenden Großbuchstaben »Black Sabbath«.

Namen der Sänger und Hefte werden nicht mit vollem Namen zitiert, weil Klagen wegen Geschäftsstörung befürchtet werden.

Das ging mir zu weit. Dem Burschen mit dem Teufelsgesicht befahl ich, das T-Shirt auf der Stelle auszuziehen und verkehrt zu tragen. Auf seine scheinheilige Frage schrie ich ihn an: »Weil ich mir das nicht ständig anschaue!« Als ich mit dem Knaben ein Gespräch entwickelte, erklärte er mir stolz, daß er sich das Leibchen bei der Adlwanger Kirchweih gewünscht und daß ihm seine Mutter diesen Wunsch erfüllt hatte.

Im übrigen war der Knabe wohl von meinem Zorn beeindruckt, aber er konnte meine Ansichten nicht einsehen. Ich wollte den Teufelshuldigungen aus Unbedachtsamkeit an unserer Schule noch weiter nachgehen und zur nächsten Runde ansetzen, da vernahm ich einen inneren Ruf: »Tu es nicht!« Einerseits sah ich das Bild des Drachentöters Michael vor mir, andererseits spürte ich, daß ich mich dabei verheize und von den Kollegen mit fragenden Blicken angesehen wurde.

In der nächsten Zeit löste ich mich von diesen Aktivitäten und wurde stiller. Ruhe kehrte in mich ein. Ich weiß nicht, woher ich sie nahm. Ich wurde gelassener, obwohl ich wußte, daß ich mehr Kraft für meinen Kampf, mehr Durchsetzungsvermögen, mehr Energie, mehr Erkenntnisse bräuchte. Sollte ich Gott darum bitten? Ich tat es nicht. Und abends, wenn ich mit meiner Familie betete, legte ich Gott diese meine schulischen Sorgen in seine Hände. Indem ich immer wieder an das Problem dachte, aber es nicht lösen konnte, sagte ich zu ihm: »Herr, ich habe das meinige getan, und mein Tun war erfolglos. Jetzt bist du dran. Aus mir allein vermag ich nichts auszurichten.«

Ruhe nach dem Sturm

Mir wurde leichter und ich öffnete mich dem, was da kommen sollte. In dieser Zeit trug sich einiges zu, was ich nicht geplant hatte, ein höheres Wollen führte mich:

Meine Frau hatte einige Wochen vorher durch den Rundfunk von einem Buch von Pater Steindl-Rast erfahren: »Fülle und Nichts — Die Wiedergeburt christlicher Mystik«. Sie las dieses Buch gerade und empfahl mir, es auch zu lesen.

Aus der Inhaltsangabe sah ich, daß dieses Thema genau zum richtigen Zeitpunkt für mich bestimmt war. Ein Buch, das mich tief bewegte. »Tat ohne Schau ist blinder Aktivismus«, schreibt Pater David unter anderem. Oder »Die oben betrachtete Ordnung wird unten verwirklicht«. Meine Arbeit, mein Engagement, meine Begeisterung für die Aufklärung der Schüler waren blinder Aktivismus. Anstatt in Ruhe und Gelassenheit diesen Problemkreis anzugehen, verspritzte ich mit Wut und Zorn meine Weisheiten. Ich war nicht getragen von der Ruhe Gottes, und meine Predigten, meine Argumente, meine Beweise hatten den Zweck der Aufklärung, die ich mit meinem Gehirn betrieb, sie entwuchsen nicht einer inneren Schau. Ich hatte mein Tun nach meinem Erkennen, nach meiner Ausbildung, nach meinem Informationsstand ausgerichtet, nicht nach der von oben kommenden Ordnung. Dies hätte ich beobachten sollen.

Es war falsch, mein Auge auf das Satanische zu richten, ich sollte mich vielmehr dem Licht zuwenden. Ich muß mein Herz den Strahlen Gottes entgegenhalten und mein Auge erheben zur höheren Ordnung.

In der Finsternis meiner Plage mußte ich zu den Sternen aufblicken, damit ich den Sinn meiner Mühen erkennen konnte.

Geduld war es, die mir fehlte.

Ich wollte Erfolg haben und die Jugendlichen umstimmen, sie auf den rechten Weg führen, wie ich meinte, es tun zu müssen, aber die Verfolgung dieses Zweckes war eine Schinderei, die nichts fruchtete. Ich habe ständig umgeackert, ohne auf das Wetter zu achten, und habe vergessen, sorgfältig den Boden zu bereiten und im richtigen Augenblick den Samen einzusäen. So machen es der Bauer und der Gärtner, und der Erfolg ihrer Mühen ist die Frucht, die ich sosehr in meinem Geschehen vermißte.

Pater David erklärt in seinem Buch zwei chinesische Schriftzeichen: Das Zeichen für Muße. Es ist aus zwei Einzelzeichen zusammengesetzt, die bedeuten »Offener Raum« und »Sonnenschein«. Nach dieser chinesischen Darlegung bedeutet Muße also offener Raum und Sonnenschein. Ich sehe das so: Wenn sich der Mensch der Muße hingibt, wird Freiraum geschaffen, in den die Sonne hineinscheinen kann. Das Leben wird erhellt. Das chinesische Wort für »Geschäftigkeit« ist ebenfalls aus zwei Einzelzeichen zusammengesetzt: aus »Herz« und dem Wort »Töten«. Gemeint ist nicht der Herzmuskel, sondern die innere Wirklichkeit des Menschen. Wenn wir diese innere Mitte ausfüllen mit Geschäftigkeit, mit Alltagskram, dann töten wir unsere Seele, verunraten wir unser Inneres. Meine Geschäftigkeit war ohne innere Schau und daher auch erfolglos. Der Zweck meiner Mühen war nicht getragen vom allumfassenden Sinn. Das Zusammenspiel von Schau und Tat nennt Pater David »Kontemplation«. Sie ist wesentlicher Bestandteil der christlichen Spiritualität.

Etwa zur gleichen Zeit entdeckte ich im Behelfsdienst des Pastoralamtes ein Plakat vom Diakonissenwerk mit dem Sinnspruch von Jochen Klepper: »Die Hände, die zum Beten ruhn, die macht Er stark zur Tat. Und was der Beter Hände tun, geschieht nach Seinem Rat.« Was heißt »zum Beten ruhn«? Die Schau der Allnatur, das Aufbauen der Harmonie, das Erahnen von Sinnzusammenhängen und das Sich-Hineinvertiefen in die Wirklichkeit Gottes. Es führt zum Staunen über den allumfassenden Sinn in der Natur. Es drängt mich seit einiger Zeit, ich verlange danach, im Frühling vor dem Forsythienstrauch schauend stehenzubleiben und den Duft des Jasminstrauches einzusaugen. Staunen und Dankbarkeit erfüllen mich. Ein Staunen, das Franz von Asisi in seinem Sonnengesang zum Ausdruck bringt:

Gelobt seist Du, Herr, durch Bruder Mond und die Sterne ...

Es kann kein Zufall sein, daß mir in der gleichen Zeit, da sich in mir ein Wandel vollzog, ein freundschaftlicher Kollege zwei Bücher von dem Amerikaner Merlin R. Carothers zum Lesen anbot. Für mich ein Geschenk aus heiterem Himmel, weil ich mit dem Kollegen über meinen Wandel nicht gesprochen hatte.

Der Autor dieser Bücher fordert den Leser auf, Gott für alles zu danken. Für alles, auch für die Wüstenstrecken des Lebens, auch für Enttäuschungen, für Verleumdungen der Menschen, für Unglück und Finsternis. Der Methodistenprediger hat mir mit seinen Büchern »Ich suchte stets das Abenteuer«, »Leben in neuen Dimensionen«, »Saget Dank allezeit«, »Lobpreis schafft Veränderung« und »Gott hat Wege in der Wüste« Mut gemacht, und ich spürte und erlebte es selbst: Indem ich Gott lobe und preise und ihm für alles danke, segnet er mich und meine Arbeit. In dieser Phase meines Lebens erfuhr ich das Wesen meines Menschseins, nämlich:

Ich bin geschaffen zu allumfassendem Lobpreis und zum Ruhme Gottes und seiner Schöpfung.

An manchen Ferientagen war ich so gut aufgelegt, daß ich den ganzen Tag die Melodie zum Psalm 113 pfiff: »Vom Aufgang der Sonne bis zu ihrem Niedergang sei gelobt der Name des Herrn.«

Zurück zu den 15jährigen, die ich zu unterrichten habe: Im Laufe einiger Monate veränderte sich im Unterricht das ursprünglich gespannte Verhältnis in eine wohltuende Arbeitsatmosphäre. Themen aus den Bereichen der Gesundheit und der Religion wurden von den Jugendlichen aufgegriffen, und besonders bei heiklen Problemen spürte man das Bemühen der Jugendlichen, das Wesentliche zu finden und persönliche Erkenntnis zu erlangen. Besonders liebten sie die Meditation und wollten auch auf ein gewisses Zeremoniell nicht verzichten. Und das Thema, das am Schulbeginn so danebengegangen war, konnten wir in dieser Zeit tief ausloten. Auf das Thema »Satan« kam ich nur einmal kurz zurück, als ich die Kassette mit der Predigt des evangelischen Pfarrers Eickhoff abspielte. Eine Predigt, die er ein Jahr vorher in einer benachbarten Christengemeinde gehalten hatte. Der Pfarrer erzählt darin, wie er mit seiner Familie in der Nordsee baden war. Zur Zeit der Ebbe spielte er mit seinen Kindern im hüfttiefen Wasser Ball. Er, der Pfarrer, wollte den aufs Meer hinaustreibenden Ball schwimmend einholen und einfangen, wurde aber dabei vom Sog der Ebbe so abgetrieben, daß er beinahe den Boden unter den Füßen verloren hätte. Als ihm das Wasser bis zum Halse stand, gab er auf, ließ den Wasserball schwimmen und konnte sich nur mit der allergrößten Anstrengung vor dem Ertrinken retten. Der Pfarrer verglich das Erlebnis mit der Beschäftigung mit Satan und den Dämonen: Wer nicht aufhört, mit ihnen umzugehen, kommt um.

Damit ließ ich die Finger von diesem Thema.

Seine Führung

Dann kam das dritte Ereignis in meinem Leben. Nicht geplant, nicht gewollt, nicht herbeigeführt. Er, der Allerschaffer, hat es in mein Leben eingeplant: Mein Buchhändler in der Landeshauptstadt hatte mir seit vielen Jahren die von mir bestellten Bücher geschickt. Immer genau entsprechend der Bestellung, nicht mehr und

nicht weniger. In dieser Zeit trug es sich zu, daß er etwas ganz Außergewöhnliches tat: Der Buchsendung laut Bestellung legte er einfach ein mir fremdes und auch nicht erwähntes Buch bei mit dem Vermerk: »Zur Ansicht«. Es war das Buch eben im Verlag erschienen: »Engel als Beschützer und Helfer der Menschen« von Dr. med. H. C. Moolenburgh.

Ich sog den Inhalt des Engelbuches in mich hinein, und eine Reihe weiterer Bücher über Engel besorgte bzw. kaufte ich mir.

Ist es nicht eigenartig? Am Teufel entzündeten sich meine Gedanken und bei den Engeln landete ich. Eine Fügung Gottes?

Mir ist aufgefallen, daß mein Leben öfters von einer Gesetzmäßigkeit geprägt wurde:

Zum Beginn eines Lebensabschnittes steht immer ein Reiz, ein *Anreiz,* ein Schmerz, eine Krankheit. Um bei meiner Erzählung zu bleiben: Ich wurde von den demonstrativ aufgehängten Posters über Hard Rock-Musiker gereizt. So angestachelt, wollte ich die Jugendlichen von der Gefährlichkeit des Teufels überzeugen. Von meinem Willen getrieben, beginne ich dann eine für mich *aufreibende Arbeit* und versuche all mein Können und Wissen einzusetzen. Das war in meinem Beispiel der Wille und der Einsatz zu überzeugen, zu argumentieren, zurechtzurichten.

In der dritten Phase merke ich meine *Erfolglosigkeit,* das Unvermögen, die Erkenntnis der begrenzten Kräfte und den darauffolgenden Ärger. Nach diesen Irrungen kommt *Ruhe* wie nach einem Gewitter. Erschöpft sitze ich dann da und sage zu Gott: »Da haben wir jetzt die Bescherung«. Den Scherbenhaufen lege ich meinem Gott vor. In dem gleichen Augenblick kommt Trost und Hilfe. Wohlgemerkt, ich schalte mein Gehirn aus, ich denke nicht, sondern bin ganz klein und zerscherbt. Da habe ich keine Lösungen.

Und in dieser Situation greift Gott ein, solange ich mit ihm im Gespräch bleibe. Ich brauche nur zu warten. *Seine Hilfe, seine Lösung* kommt. Seine Lösungen sind meist überraschend, weil sie oft gar nichts mit meinen Wünschen und Vorstellungen zu tun haben, oft im Gegensatz dazu stehen. Ähnlich wie der amerikanische Soldat betet:

»Ich bat Gott um Stärke, er aber machte mich schwach.«

Am Ende eines Lebensabschnittes, der mit den Lösungen Gottes gekrönt ist, erlebe ich tiefe *Harmonie,* ich bin glücklich.

* * *

Fragen über Fragen

Himmel — was ist das?

Zuvor aber sei noch einiges gesagt über das Jenseits. Den Jugendlichen stelle ich öfters die Frage: »Glaubst du, daß durch Christi Auferstehung auch uns ein Leben nach dem Tode möglich ist?« Manchmal bekomme ich ein entschiedenes »Nein« zu hören. Dann fragen sie mich, was ich glaube und wollen meine persönliche Meinung hören über Himmel und Engel, über Hölle, Teufel und Fegfeuer.

»Was verstehen Sie unter dem Himmel?«

Himmel ist für mich das Schönste, das es gibt, ist wie mein Hochzeitsfest, ist Leben, Licht, Liebe, Friede. In der Kindheit habe ich ein Stück des Himmels erlebt, wenn ich mit meinen Freunden das Bachufer durchstreifte, Freundschaft und Zusammengehörigkeit erlebte beim Baden am See, abends am Lagerfeuer. Wir sangen lustige und abenteuerliche Lieder, waren frei und liebten das Leben. Sorglos liefen wir einem bunten Schmetterling nach oder stöberten Fische auf. Wir ruhten in unserem Baumhaus aus, wenn wir nach dem Geländespiel müde geworden waren. In der Harmonie mit der Natur erlebten wir ein Stück Himmel. Zwanzig Jahre später reiste meine Verlobte und jetzige Frau in das Elsaß, um dort in einem Kinderheim für Behinderte zu arbeiten, die Kenntnisse der französischen Sprache zu vertiefen und Gewißheit zu erlangen über unsere gegenseitige Liebe. Endlos waren für mich die Wochen daheim. Bis ich endlich mit dem Auto losfuhr, weil ich sie nicht mehr aushielt, diese Ungewißheit. Es war ein schwüler Sommertag, an dem ich auszog, mein Glück zu suchen und heimzuholen. Nach 12 Stunden ununterbrochener Autofahrt landete ich müde und verschwitzt in einem paradiesischen Garten, in dem ein Schloß stand. Ich hielt inne und schaute dem Spiel der Kinder und dem Spiel der Blätter an den alten Bäumen zu. Da muß sie mein Auto entdeckt haben, denn aus der Schar Kinder löste sich ein Mädchen und lief mir zu. Sie war es, meine Geliebte. Wir umarmten uns: Glück, Freude, Licht, Liebe, Friede. Glückseligkeit durchströmte mich. Ihre vom Bad noch nassen Haare kühlten mein Gesicht. Wir waren eins und verweilten einige Sekunden in diesem himmlischen Zustand.

Das verstehe ich unter Himmel: Eins sein in Liebe, Harmonie mit der Natur.

Die Theologen sagen: »Himmel ist der Zustand der vollendeten Glückseligkeit.« Im Volksmund hört man manchmal: »Die fühlen sich wie im siebten Himmel.« Oder ein Bergsteiger erzählt von seinen Touren: »Ich genieße himmlische Ruhe.«

Ich erlebe hier auf Erden ein Stück des Himmels, wenn ich eins sein kann mit der Schöpfung Gottes, wenn ich liebe und geliebt werde. Im Jenseits besteht die Seligkeit des Himmels in der Anschauung Gottes »von Angesicht zu Angesicht« (1 Kor 13,12).

Wie stelle ich mir die Anschauung Gottes vor? Darunter verstehe ich die ganze Fülle seines Lebens und seiner Liebe, seiner Wahrheit, ein vollkommenes Sein und endgültige Sinnerfüllung, voll Glück und ewiger Seligkeit. In der Hl. Schrift heißt es: »Was kein Auge gesehen und kein Ohr gehört hat, was keinem Menschen in den Sinn gekommen ist: das Große, das Gott denen bereitet hat, die ihn lieben« (1 Kor 2, 9).

Der Dichter sagt: »Der Himmel ist in dir und auch der Hölle Qual, was du erkiest (erwählst) und willst, das hast du allzumal.«

Diese Wahl, das Wollen und Streben im Diesseits nach Licht, Leben und Liebe wird im Jenseits belohnt werden. Jeder empfängt den ihm gemäßen Lohn (Mt 16, 27; 1. Kor 3, 8) und wird dabei vollkommen glücklich sein. Der Unterschied besteht nur darin, daß die eine Person gleichsam als kleineres oder als größeres Gefäß voll sein wird von der Liebe Gottes. Aber wer heilig geworden ist, wird wie ein mit Liebe gefülltes Gefäß in die vollkommene Herrlichkeit Gottes eingehen.

Die Vorbereitung auf diese Glückseligkeit drückt der Dichter Antoine de Saint-Exuperie so aus: »Die zweite Geburt. Ich sage dir: Es gibt keine göttliche Amnestie, die dir das Werden erspart! — Du möchtest sein: Du wirst nur in Gott sein. Er wird dich in seine Scheune einbringen, nachdem du langsam durch deine Handlungen geworden und geknetet sein wirst; denn der Mensch braucht lange zum Geborenwerden.«

Was die Menschen glauben

Jan Kerkhofs hat eine Umfrage durchgeführt und die Ergebnisse in seinem Aufsatz »Du lieber Himmel« veröffentlicht.

Er hat zwei Fragen gestellt:

1. Glauben Sie an ein Leben nach dem Tod?

Als Antwort waren möglich: Ja, Nein, Ich weiß es nicht.

2. Glauben Sie an den Himmel?

Antworten: Ja, Nein, Ich weiß es nicht.

Welche Antworten gaben die Österreicher?

An ein Leben nach dem Tode glauben 38%; 56% sagten »Nein«, und 6% wußten es nicht.

An den Himmel glauben etwas mehr, nämlich 44%; 49% glauben nicht an den Himmel, und 7% sagten, sie wüßten es nicht.

An diesen Zahlen fällt auf, daß 6% mehr Menschen an den Himmel glauben als an ein Weiterleben nach dem Tode.

Vergleichen wir die Meinungen mit unseren deutschsprachigen Nachbarn:

Deutschland: 41% glauben an ein Leben nach dem Tod, 45% nicht;
43% glauben an den Himmel, 42% nicht.

Schweiz: 50% glauben an ein Leben nach dem Tod, 41% nicht;
50% glauben an den Himmel, 41% nicht.

Aus der Zahlenübersicht geht hervor, daß in anderen Ländern eine größere Anzahl von Menschen an den Himmel und an ein Weiterleben nach dem Tode glauben:

Finnland: 55% glauben an das Leben nach dem Tode, 62% an den Himmel,

Griechenland: 57% glauben an das Weiterleben, 65% an den Himmel

Vereinigte Staaten: 73% glauben an das Weiterleben und 85% an den Himmel.

Diese Zahlen sagen jedoch nicht aus, was die befragten Menschen unter Himmel und Weiterleben nach dem Tode verstehen.

Wenn ich die Jugendlichen befrage, wie sie sich den Himmel vorstellen, dann höre ich folgende Antworten: »Die Heiligen tragen einen Heiligenschein.« — »Sie spielen den ganzen Tag auf einer Harfe und singen dazu immerfort Halleluja, eine stinkfade Beschäftigung.« — »Am Rücken tragen sie wie die Engel ein Paar aus weißen Tierfedern gefertigte Flügel.« Wenn die jungen Leute bei diesen Antworten schmunzeln, dann denke ich mir, daß sie wohl selber nicht an diese veralteten Klischeevorstellungen glauben.

Es kommen auch Antworten wie: »Im Himmel werde ich weder Hunger noch Durst haben. Alle meine Wünsche werden erfüllt. Dort gibt es keine Schmerzen und keine Trauer. Man ist nur gut aufgelegt und fröhlich.« Es ist erfreulich, daß viele Jugendliche sich den Himmel nicht mehr als einen Art Gesangsverein vorstellen, sondern als einen Zustand der Glückseligkeit.

Warum glaubt nur etwa die Hälfte der Menschen an den Himmel?

Ich kenne darüber keine Statistik und vermute folgende Gründe: Während die meisten Menschen unseres Kulturkreises noch vor drei Generationen ihre Augen nach oben gerichtet und nach Gott Ausschau gehalten haben, ist das Hauptinteresse des gegenwärtigen Menschen auf die Erde gerichtet und auf den Menschen. Clubs, Vereine und Organisationen bemühen sich mehr um den Nächsten. Mitmenschlichkeit, soziale Dienste, Verantwortung für die Welt sind das Hauptinteresse human denkender Menschen geworden. Die wirtschaftlichen Anliegen sind den Menschen wichtiger geworden als Gott oder der Himmel. Man glaubt nicht mehr an das Bibelwort: »Suchet zuerst das Reich Gottes und alles andere wird euch dazugegeben werden.«

Andererseits ist bekannt, daß der Hunger in der Welt von Menschen gemacht wurde, indem die Grundherren in Brasilien zum Beispiel die Kleinbauern und ihre Familien vertrieben und in Not, Elend und Hunger verstoßen haben. Dafür knüpfen die Mächtigen großartige Handelsbeziehungen von Kontinent zu Kontinent, um sich persönlich zu bereichern. Eine Welt ohne Gott, die in die Verelendung von Millionen führte und führt.

Es ist Tatsache, daß die Umweltverseuchung, die Verkehrstoten, die Millionen getöteter ungeborener Kinder Werke des Menschen sind. Man glaubt nicht mehr an die Gebote Gottes: Du sollst nicht töten, nicht stehlen, nicht begehren des Nächsten Gut.

Die Menschen suchen nicht mehr das Reich Gottes, daher wird ihnen auch nicht dazugegeben. Der Blick nach oben ist unmodern geworden, der Blick nach unten ist »in«.

Ich kenne einen recht engagierten Rotkreuz-Helfer, der nicht an Gott glaubt. Aus einer humanen Einstellung heraus diente er in seiner Freizeit ehrenamtlich den verunglückten Menschen, was seiner Meinung nach mit Gott nichts zu tun hat. Sein Blick war auf die Verwundeten gerichtet, er brauchte Gott nicht dazu. Sein Helfen lag ganz im Sinne des barmherzigen Samariters, von dem in der Bibel die Rede ist. Nach einem Streit mit seiner Organisation aber hat er auf der Stelle aufgehört und lehnt jetzt jegliche selbstlose Hilfeleistung ab. Er kapselt sich ab. Ich glaube, es fehlt ihm die Kraft dazu, die von oben gegeben wird, wenn man darum bittet. Ich meine das im Sinne Mutter Teresas von Kalkutta, die gesagt hat, ohne Christus in der täglichen hl. Kommunion könnte sie den Kranken und Sterbenden nicht helfen, könnte sie den Jammer und den Gestank nicht aushalten. Der genannte Rotkreuzhelfer suchte den Weg zu den Mitmenschen. Dieser Weg ist schwieriger, aber ich bin überzeugt davon, daß ein Mensch, der die Mitmenschen ehrlich liebt, auch unterwegs ist zu Gott und ihn auch finden wird.

Ich meine, die Menschen glauben deshalb weniger an Gott, weil der Blick hauptsächlich auf die Menschen gerichtet ist, und die Menschen glauben weniger an den Himmel, weil sie nur auf die Erde schauen.

Lichtpunkte, die zum Himmel weisen

Unsere Jugend sucht das Glück, ist auf das Glück hin ausgerichtet, ist emsig dabei, Pfeiler für ihr Glück aufzubauen. Diese Beobachtung mache ich als Lehrer immer wieder. Unter Glück verstehen sie die Geborgenheit in der Familie, die persönliche Beziehung zu Freunden, die Sehnsucht nach Liebe, die Seligkeit einer Partnerschaft, die Freude an der Gesundheit, an Geld und Besitz. Sie nennen es ein Glück, wenn jemand im Beruf Erfolg hat, Karriere macht und bei den anderen Ansehen genießt. Auch wenn bei manchen

Suchenden Starsucht oder Körperkult auffallen oder wenn Besitzsucht oder der Götzendienst an einem Videogerät nur eine Scheinerfüllung bringen, es bleibt die Tatsache, daß die jungen Leute das Glück suchen. Und wenn in Europa immer mehr »grün« denkende Menschen oder erklärte »Grüne« nach neuen Wegen suchen, so streben sie in Verantworlichkeit eine neue Erde an. Sie fühlen Verantwortung der Erde gegenüber, die von chemischen Giften verseucht wird, Verantwortung den Bäumen gegenüber, die im Sterben sind, den Tieren gegenüber, die aus Gewinngründen gemartert oder ausgerottet werden, dem Menschen gegenüber, der am selbst erzeugten Unrat krank wird und im Wohlstand erstickt. Sie begehren auf gegen Mächtige, die Vernichtungswaffen erzeugen und wollen mit ihrer Revolution die Erde und den Kosmos retten. Sie streben einen neuen Himmel und eine neue Erde an.

Ernst zu nehmende Wissenschaftler in Europa und Amerika sprechen in ihren Büchern von einem vernetzten System, das unsere Erde und den Kosmos durchzieht. Alles steht untereinander in einem Zusammenhang. Nichts kann isoliert betrachtet werden. Der Mensch ist in der Natur eingebettet, integriert und spielt im Schöpfungsplan eine ganz bestimmte Rolle. Jede Veränderung in der Natur, die der Mensch ohne Berücksichtigung der Naturgesetze herbeiführt, hat Folgen, oft sehr böse. Denken wir an die Grundwasserverseuchung, an die Luftvergiftung, an das Waldsterben und an das zunehmende Kranksein und Kränkeln der Menschen. Alles steht in einem Zusammenhang.

Der lateinamerikanische Priesterdichter Ernesto Cardenal schreibt wörtlich: »Die Natur kommuniziert ständig mit sich selbst. Und Kommunion heißt Essen und sich zum Gegessenwerden hingeben. Das Essen ist die Kommunion des Lebens. Und Essen ist eine prosaische Sache. Der Schöpfer wollte, daß wir uns, um zu leben, von anderen Lebewesen ernähren sollten. So sollten alle Lebewesen in ständiger Verbindung miteinander stehen. Wir sollen nicht unabhängig voneinander sein und uns selbst genügen, sondern ständig andere Lebewesen in uns assimilieren und durch diese Assimilation in steter Verbindung mit dem ganzen Kosmos stehen.«*

* Alfred Läpple, Vom Himmel sprechen, S. 27

Warum befassen sich heutzutage viele Menschen mit den Büchern der Heiligen Hildegard von Bingen und dem ihr von Gott gewiesenen Weg zum Heil und zum Glück?

Weil sie die Gefährdung des Menschen und des Kosmos durch die Verführungskünste des Bösen aufzeigt. Weil Hildegard darlegt, wie alles Geschaffene in Gottes Welt einander zugeordnet ist und von einem Feingehalt, einer Subtilität erfüllt ist, was nur durch behutsames Erforschen und Anwenden segensreich für den Menschen ist. Hildegard läßt in ihren über 800 Jahre alten Büchern die universale Fülle eines christlichen Kosmos erstrahlen. Sie hat in ihren wunderbaren Visionen den Schöpfungsplan klar erkannt, und ihre Bücher zeigen den Wissenschaftlern der Gegenwart, Ärzten, Biologen, Chemikern, Apothekern und Theologen einen großartig angelegten Weg, der uns Menschen des 20. Jahrhunderts aus Vergiftung und Verwirrung herausführt hinein in eine gottgewollte kosmische Ordnung.

Die Bibel schreibt von einem neuen Himmel und einer neuen Erde. Wir und vor allem unsere Jugend kommunizieren nicht nur beim Essen mit der Schöpfung, sondern auch wenn wir uns am Duft der Jasminblüte erfreuen, wenn wir der Kreuzspinne zuschauen, wie sie ihr kunstvolles Netz spinnt oder wenn wir beobachten, wie die Morgensonne den Nebelschleier hebt. Es ist mehr als ein romantisches Gefühl eines Jugendlichen, wenn er sich über den weiten Blick von einem Berggipfel freut, über den Sonnenuntergang, und den nächtlichen Sternenhimmel.

Das Prinzip der Einheit in der Schöpfung wird heute im 20. Jahrhundert wieder von vielen Menschen betont, ja als einzige Möglichkeit zum Überleben betrachtet.

Als der Hl. Franz von Assisi seinen Sonnengesang zum Lobpreis Gottes gesungen hat — und das ist auch schon etwa 800 Jahre her (1181-1226) — hat er damit sein Eins-Sein mit der Schöpfung bekundet, uns ein Leben als Kommunion des Menschen mit dem Kosmos vorgelebt.

Sonnengesang

Sei gelobt, mein Herr,
mit allen deinen Geschöpfen,
vor allem der Schwester Sonne,
die uns den Tag bringt und leuchtet.
Schön ist sie,
strahlend in großem Glanz.
Von dir, Herr, ist sie uns Gleichnis.

Sei gelobt, mein Herr,
durch Bruder Mond und die Sterne,
an den Himmel hast du sie gestellt,
klar und kostbar und schön.

Sei gelobt mein Herr,
durch Bruder Wind und die Lüfte
und Wolken und heiteren Himmel
und jegliches Wetter,
durch welches du deine Geschöpfe erhältst.

Sei gelobt, mein Herr,
durch Schwester Quelle,
sehr nützlich und demütig,
köstlich und keusch.

Sei gelobt, mein Herr,
durch Bruder Feuer,
durch den du die Nacht erleuchtest.
Schön ist er und fröhlich
und kräftig und stark.

Sei gelobt, mein Herr,
durch unsere Schwester Erde,
die uns mütterlich trägt und ernährt
und vielerlei Frucht bringt,
bunte Blumen und Gras.

Sei gelobt, mein Herr, durch alle,
die verzeihen um deiner Liebe willen
und Angst und Trauer ertragen.
Selig, die friedlich bleiben,
sie werden von dir gekrönt.

Sei gelobt, mein Herr,
durch unseren Bruder, den Tod.
Selig, die er findet
ganz einverstanden mit deinem Willen.
Sie dürfen bei dir sein!
Lobt und preist meinen Herrn!

Im Zustand der Kommunion mit der Schöpfung, mit dem Kosmos leben wir in bester Gesellschaft, in Liebe und Rücksichtnahme, in Gesundheit, Freude und Glück. Die Wünsche der Menschen und der Menschheit werden veredelt und in einer Gesamtschau zum Wohle aller in einen großen Plan eingeordnet. Ein himmlischer Zustand.

Leider aber erfahren wir die Macht des Teufels, des Widersachers über die Schöpfung, der uns verführen möchte zu Zerstörung, Disharmonie und Lüge. In der Hl. Schrift heißt es: »Seid nüchtern und wachsam! Euer Widersacher, der Teufel, geht umher wie ein brüllender Löwe und sucht, wen er verschlingen könnte« (2 Petr 5, 8-9).

Weil wir Menschen nicht wachsam waren, haben wir uns die Aussicht auf Gottes Schöpfung selbst verrammelt.

Nicht selten beobachten wir Jugendliche, die beim Bergwandern, bei einem Schulausflug ein Kabel im Ohr stecken haben, um aus einem Walkman Konservenmusik zu hören, damit das Gehen nicht so fad ist. Auch in der neuen Schule droht die Gefahr, daß zwischen Lehrern und Schülern Mauern von Gesetzen, Papier und Apparaten aufgebaut werden. Wir haben uns den Blick nach oben verstellt und merken es oft gar nicht mehr. Vor lauter selbstgemachten Dingen, die wir gar nicht brauchen, sehen wir die Sonne nicht mehr. Es herrscht in uns Gottesfinsternis, der Zustand ist das Gegenteil zum Himmel.

Menschen umgeben uns, die begabt wurden mit einer Liebe zur Kommunion mit der Schöpfung. So hat Gott mir eine Frau zur Seite gestellt, die mir täglich das Einssein mit der Natur und dem Kosmos vorlebt, die mich beschenkt mit Sinn-Tiefe, die mich verzaubert mit ihrer Liebe, die mit ihrem In-Sein in der Natur mich hineinträgt in den von Gott gemachten Kosmos. Sie strahlt durch ihre Liebe zur Schöpfung und ist dabei, mir ein Stück des Himmels zu eröffnen.

Erhellt durch dieses Licht bemühe ich mich, auch Helligkeit zu bringen durch die Kunst, die ich zu durchleuchten versuche, durch Fröhlichkeit und Zufriedenheit, die ich ausstrahlen möchte, um den jungen Leuten das Gefühl der Geborgenheit in der Schöpfung Gottes und des Verstandenwerdens von einem liebenden Menschen zu vermitteln. Vielleicht ahnen sie dann etwas vom Himmel.

Die heutige Jugend hat es schwer. Plakate, Zeitschriften, Filme und Fernsehen, die von Menschen gemachte Umwelt erzählen wenig von einer Kommunion mit der Schöpfung, sie erfahren so gut wie nichts von Zuneigung, Freundschaft, wahrer Liebe und Harmonie. Wenn es uns gelingt, Kommunion mit dem Kosmos aufzubauen, wenn es uns gelingt, mit der Schöpfung in Harmonie zu leben, dann erstrahlt uns ein Stück des Himmels. Die kosmische Kommunion, das ist der Himmel, den wir auf Erden vorausahnen können, wenn wir uns strebsam bemühen. Ernesto Cardenal nennt die kosmische Kommunion ein fundamentales Lebensprinzip.

Franz von Assisi fühlt sich eins mit der Schöpfung in seinem Sonnengesang. Hildegard von Bingen läßt in ihren Büchern einen christlichen Kosmos in universaler Fülle erstrahlen. Blaise Pascal: »In jedem Menschen wohnt ein Abgrund, den kann man nur mit Gott füllen.«

Papst Johannes Paul II. sagt dazu: »Der Mensch ist das Wesen, das aus der Tiefe Gottes hervorgeht und selbst eine solche Tiefe in sich birgt, daß nur Gott selbst sie zu füllen vermag.«

»Aber Hölle gibt es keine«,

sagte einmal ein Jugendlicher zu mir. Und was ist mit den Massenvernichtungslagern des II. Weltkrieges? Ich denke als Oberösterreicher an Mauthausen. Eine Hölle, in der Unschuldige getreten, zu Tode gehungert oder vergast wurden. Wer an die Hölle nicht glaubt, soll sich das Vernichtungslager in Mauthausen ansehen. Man hat alles für die Nachwelt erhalten.

Was ist mit dem atomaren Holocaust, der durch den Abwurf der Atombomben auf die Städte Hiroshima und Nagasaki entstanden ist? Man lese die Berichte von Überlebenden über das von Menschen erzeugte Inferno, in dem 200 000 Menschen verbrannten.

Natürlich sieht die Hölle im Jenseits anders aus. In der Hl. Schrift ist die Rede von der ewigen Pein (Mt 25, 46), von der Finsternis (Mt 8, 12), von Heulen und Zähneknirschen (Mt 13, 42.50) und vom ewigen Feuer (Mt 3, 12; 25, 42).

Da sagen manche darauf: Gott kann doch nicht so hart sein, er ist doch ein barmherziger Gott. Wie kann er den Menschen auf ewig verwerfen? Das ist sicher richtig. Gott hat den Menschen nach seinem Ebenbilde gemacht. Er verwirft keinen. Aber wenn sich ein Mensch gegen Gott stellt, sich gegen ihn entscheidet, bei vollem Bewußtsein, dann macht der Mensch eben Gebrauch von der Freiheit, die er von Gott erhalten hat. Wer das Böse will, wer die stolze Lüge will, wer der Selbstsucht frönt, wer den Mitmenschen haßt, sein Kind im Mutterleib tötet, wer dem anderen Gewalt antut, kurzum, wer den Schöpfungsplan Gottes ablehnt, wer das Wollen Gottes durchkreuzt, der stellt sich gegen Gott. Er macht sich mit seinem Stolz selbst zum Gott und schließt sich selbst von der Gemeinschaft Gottes aus. Damit erklärt sich auch, daß mit dem Feuer der Hölle nicht das Verbrennen einer materiellen Substanz gemeint ist, sondern das verzehrende Feuer der Gottesferne, der Schmerz der Sinnlosigkeit, die Verzweiflung über das Verlorensein. Und dennoch ist die Hölle, so furchtbar sie auch sein mag, eine gnädige Zulassung Gottes.

So sagte Prälat Dorr (†1964) in seiner Silvesterpredigt im Stefansdom zu Wien über die vier letzten Dinge: »Du hast dich gegen dein besseres Wissen und Gewissen Gott verschlossen und die Menschen nur zum Gegenstand deiner Lust und Laune gemacht. Und immer wieder hat der liebe Gott versucht, dir die Augen zu öffnen und dein Herz zu erheben und deinen Willen auf die rechte Bahn zu lenken. Und du hattest für diese Bemühungen Gottes nur ein entschiedenes „Nein“. Und nun sieh, Gott zwang dich nicht; er respektierte deine Freiheit. Er sah schmerzvoll zu, wie du auch die letzte Gnade beharrlich zurückgewiesen hast und wie du starbst ohne den geringsten Gedanken der Reue und der seelischen Umkehr. Und in diesem Zustand trittst du nun vor deinen Richter ...

du hast für einen Augenblick die göttlichen Möglichkeiten und deine eigenen menschlichen Möglichkeiten erfaßt und deine Versäumnisse erkannt.

Und darum wirst du dich mit Selbstvorwürfen überhäufen und dein verstocktes Herz zerfleischen. Seht, das mag der Wurm sein, der ewig bohrt, und das Feuer, das nie erlischt, von dem unser milder Erlöser im Evangelium gesprochen hat. Aber selbst diese Qual ist noch eine letzte Gnade Gottes, denn es wäre tausendmal entsetzlicher für dich, in diesem Zustand der vollendeten Ichsucht in der Nähe Gottes verharren zu müssen. Nichts wäre schrecklicher für dich als in diese blendende Reinheit, in diese strahlende Heiligkeit Gottes schauen zu müssen, die in allem deiner Selbstsucht widerspricht.

Die Gegenwart Gottes würde dich quälen, würde dich in jedem Augenblick aufs neue töten, wenn dies möglich wäre.

Und darum ist die Hölle und die Gottferne noch eine letzte Gnade für dich. Und darum wirst du im Gericht um nichts anderes betteln als um das eine: Gnade vor dir, gib mir die Gnade, daß ich dir entrinnen darf, gib mir die Gnade, dir fern zu leben, gib mir die Gnade, dem Himmel und deinen Heiligen fern zu sein. Lieber tausend Qualen, lieber tausend Einsamkeiten, lieber tausend Selbstvorwürfe durch die ganze Ewigkeit als nur einen einzigen Augenblick in dein strahlendes, göttliches Antlitz schauen zu müssen, gegen das ich die Hand erhoben habe ...

Ich wollte euch zeigen, daß die Hölle das Geheimnis der trauernden Liebe Gottes ist und das Geheimnis des Menschen, der sich bewußt dieser Liebe Gottes verschließt.«

In diesem Zusammenhang taucht bei den Jugendlichen immer die Frage nach dem Teufel auf, ob es ihn gibt, wie er aussieht und wie er vorgeht. Den Satan darf man sich nicht wie ein wildes Tier vorstellen, wenngleich er auch oft als Krampus mit Schwanz und Klauen dargestellt wird. Eine solche Gestalt wäre ungefährlich.

Nein, Satan ist ein gefallener Engel, hochintelligent, fast alles wissend. Er war der höchste Engel, Luzifer, der Lichtträger. Aber er hat sich aus Stolz gegen Gott und seine Schöpfung erhoben, denn er wollte sein wie Gott. Er wollte selber Gott sein. Er ist der Neider Gottes, der Feind Gottes, der auch die Menschen verführen will. Er will die Sehnsucht des Menschen nach Gott verwirren und die

Wünsche und den Stolz des Menschen ins Maßlose übersteigern. Der Teufel ist der Vater der Lüge, der Versucher, der uns den Himmel nicht gönnt und uns vom Weg dorthin abbringen möchte. Er will uns den Weg zum Himmel verstellen und die Anschauung Gottes vergällen. Dazu ist ihm jedes Mittel recht. Er schleicht sich ein in unser Herz wie der Dieb in der Nacht und will uns von Gott weglocken. Der Teufel macht den Menschen hochmütig und stolz, damit der Mensch die Schöpfung Gottes verderbe. Der Satan erfaßt unseren Körper und unsere seelischen Kräfte, er vernebelt unsere Sinne, damit wir Gott nicht mehr klar erkennen, er verwirrt unsere Entscheidungskraft, für oder gegen die Schöpfung Gottes zu sein. Aber der Satan hat keine Macht über uns Menschen, wenn wir uns für Gott entscheiden. Denn Jesus Christus hat uns aus der Macht des Teufels und seiner Dämonen errettet, uns befreit. Es kann uns nichts geschehen, wenn wir den Rat der Bibel befolgen: »Seid nüchtern und wachsam! Euer Widersacher, der Teufel, geht umher wie ein brüllender Löwe und sucht, wen er verschlingen kann. Leistet ihm Widerstand in der Kraft des Glaubens!« (1 Petr 5, 8-9)

Wer sich an unseren Erlöser hält, an Jesus Christus, dem kann der Teufel nichts anhaben. Die »Herrlichkeit« des Satans ist durch Jesus Christus gebrochen, sein Wirken hat der Heilige Geist überwunden.

Wer sich nicht an Christus hält, kann der Verführung erliegen. Luzifer schleicht sich in unser Herz ein, auf sanften Pfoten und mit sanften Worten werden die Menschen verführt. Dazu ein Beispiel: Im Schöpfungsplan ist es so eingerichtet, daß das hilflose Kindlein im Mutterschoße geborgen heranwächst. Dort ist das Kind geschützt und sicher, hat es warm, beste Nahrung und die ständige Gemeinschaft mit der Mutter. Es kann nur auf die Einflüsterung des Luzifer zurückzuführen sein, wenn manche Mütter ihr Kind aus dem Mutterschoß herausreißen lassen. In Österreich sind es etwa 100 000 im Jahr und in Deutschland mehr als 300 000, die getötet werden.

Die Politiker nennen die Einflüsterung des Luzifer »soziale Indikation«, manche Wissenschaftler sagen: »Es ist ja noch kein Mensch.« Der Kindesvater beteuert: »Es zerstört meine berufliche Karriere.« Die Großeltern meinen: »Es ist zu früh, liebe Tochter, du hast noch immer Zeit für ein Kind.« Die Mutter sagt: »Ich bin berufstätig oder ich studiere und habe niemanden für das Kind.« Daher muß es sterben, das Geschöpf Gottes. Alles sind Lügen des Satans, sanfte Einflüsterungen, sanfte Verführungen des Teufels, die nur dann ankommen können, wenn der Mensch die Schöpfung nicht mehr heilig hält, weil er sich stolz und überheblich zum Herren über Leben und Tod macht. Der Satan zerstört.

Die Engel harmonisieren. Wer heute über die Engel redet, wird belächelt. Oder? Von vielen Erwachsenen schon, aber die Jugendlichen fragen mich immer wieder, ob es Engel gibt. Und sie wollen wissen, ob ich an ihre Existenz glaube und warum.

Die Engel sind mächtige Geister

Wer heutzutage von den Engeln spricht, wird von den meisten belächelt. Es scheint so, als ob das Unsichtbare und Geheimnisvolle als nicht existent abgetan würde. Man glaubt an die Technik, an das Nachweisbare, aber doch nicht an die Engel. Dazu kommt noch, daß manche Maler vergangener Zeiten die Engel als niedliche, kitschige, harmlose Püppchen dargestellt haben mit Flügeln wie die Vögel und pausbäckigen Gesichtern. An diese Engel glaube ich auch nicht.

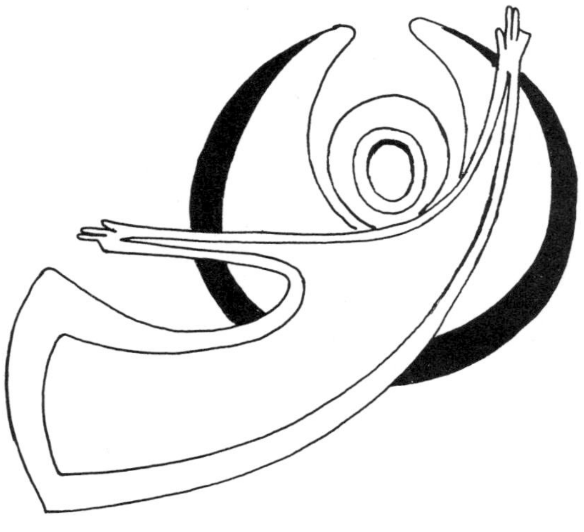

Die Engel sind mächtige Geister. Daran glaube ich. Wenn von Engelerscheinungen berichtet wird, dann sind es immer schön gewachsene Gestalten, Jünglinge, die durch ihre Begegnung die Menschen glücklich machen. In der Hl. Schrift werden die Engel öfters erwähnt. Was wollen und was sollen die Engel? »Denn in Christus wurde alles erschaffen im Himmel und auf Erden, das Sichtbare und das Unsichtbare, Throne und Herrschaften,

Mächte und Gewalten« (Kol 1, 16). Nach der Hl. Schrift sind die Engel von Gott erschaffene Geister. Und weil sie Geschöpfe Gottes sind, sollen wir sie verehren, aber nicht anbeten. Und die Engel sind geschaffen, um Gott zu verehren und zu verherrlichen. Im Psalm 103, 20 heißt es: »Lobt den Herrn, ihr, seine Engel.« Die Verherrlichung Gottes ist wohl die wichtigste Aufgabe der Engel.

Engel sind aber auch Boten Gottes, die den Menschen Botschaften oder Zukünftiges mitteilen. Denken wir an die Botschaften des Erzengels Gabriel, der dem Zacharias die Geburt seines Sohnes Johannes verkündete, (Lk 1, 11-13), Maria die Empfängnis und die Geburt ihres Sohnes (Lk 1, 26-28), dem Josef die Flucht nach Ägypten, den Frauen die Auferstehung des gekreuzigten Jesus (Mt 28, 2-6), den Aposteln die Himmelfahrt Jesu (Apg 1, 10-11).

Die Engel verherrlichen Gott, bringen den Menschen Botschaften, und drittens setzt Gott die Engel ein als Schutz für die Gläubigen.

Im Psalm 91, 11 heißt es »Denn er befiehlt seinen Engeln, dich zu behüten auf all deinen Wegen.« Und im Hebräerbrief heißt es (Hebr 1, 14), daß die Engel »dienende Geister sind, ausgesandt, um denen zu helfen, die das Heil erben sollen.«

Daß jedem Menschen, vor allem den Kindern, von Gott ein persönlicher Schutzengel beigestellt ist, das wollen manche nicht glauben. Bei Matthäus (Mt 18, 10) lesen wir bezüglich der Kinder: »Ihre Engel im Himmel sehen stets das Angesicht meines himmlischen Vaters.« Neben den Engeln gibt es aber auch die bösen Mächte, die Dämonen, die bösen Geister des Satans, die uns Menschen verführen und verwirren wollen, um uns den Himmel zu verstellen.

Ich glaube an die Engel, weil ich spüre, daß die Schöpfung Gottes auch eine universale Größe besitzt, weil ich ahne, daß der Kosmos vom guten Geist Gottes regiert wird.

Es gibt eine Reihe von Büchern, in denen die Vorstellungen und Erfahrungen der Autoren über die geistigen Wesen dargestellt werden. Immer werden die Engel als Wesen beschrieben, die zwischen unserer Welt des Materiellen sowie der Welt des Geistes und dem Urquell allen Lebens, nämlich Gott, leben.

Der holländische Arzt H. C. Moolenburgh hat im Jahre 1982 eine Untersuchung* über Engelserfahrungen begonnen. Er befragte nach der Ordination 400 seiner Patienten: »Haben sie jemals in ihrem Leben einen Engel gesehen?«

16% der Befragten mußten auf diese Frage hin intensiv nachdenken. Der Autor nennt sie die Gruppe der Grübler.

11% brach in ein heiteres Lachen aus, die Gruppe der Lacher.

11% nüchterne Antworter sehen in den Engeln einen Bestandteil der irdischen Welt.

9% waren auf die Frage nach den Engeln erstaunt oder verdattert.

9% fingen über die Frage an zu strahlen. Sie fühlten sich bestätigt in dem, was sie bereits dachten.

5% reagierten mit Ärger und Mißbilligung.

2% sagten: »Mein Mann (meine Frau) ist ein Engel.«

20% — also 80 Menschen — erzählten dem Fragesteller eine Geschichte, die aus der Welt des Geheimnisvollen kam.

Fast 8% der Befragten antworteten zum Erstaunen des Arztes »Ja!« Das waren 31 Personen von 400 befragten. Sie erzählten dann ihre Engelsgeschichte. Man kann sie in dem faszinierenden Buch »Engel als Beschützer und Helfer der Menschheit« von H. C. Moolenburgh nachlesen.

Manchmal werde ich gefragt, ob ich selbst auch schon eine Engelserfahrung gemacht habe. Ich will die Geschichte erzählen. Mein erstes Engelserlebnis liegt fast 30 Jahre zurück. Ich hatte erst vor wenigen Monaten die Führerscheinprüfung für das Auto abgelegt. Das war im Juni 1958. Da ich kein eigenes Auto hatte, konnte ich auch nicht viel fahren, also keine Fahrpraxis sammeln. Im Dezember fuhr ich mit dem neuen PKW meiner Mutter zu einer Weihnachtsfeier in eine ca. 30 Kilometer entfernte Stadt. Es war schon nach Mitternacht, als ich meine Heimreise antrat. Zur Dunkelheit kamen noch dazu dichter Nebel und Glatteis. Es gab gefrierenden Regen. Müde, aber doch angespannt, fuhr ich langsam und vorsichtig heim. Innerhalb eines größeren Ortes näherte ich mich einem beschrankten Bahnübergang. Ich wußte: Nur dreimal am Tag fuhr eine Lokalbahn auf diesen Schienen, dann wurden die Schranken

---

* Nach »Engel als Beschützer und Helfer der Menschheit« von Dr. H. C. Moolenburgh.

herabgelassen. Nachts fuhren, so meinte ich, keine Züge. Als ich mich der Bahnübersetzung näherte, stellte ich fest, daß die Schranken offen waren. So befuhr ich im Schritt-Tempo den Bahnkörper. Da durchfuhr es mich wie ein Blitz. Links neben mir überfiel mich der Anblick einer mächtigen, dampfenden, kohlrabenschwarzen Lokomotive. Und obwohl es stockfinster war, sah ich vor mir ein helles Licht, auf das ich losfuhr. Ich konnte in diesen Zehntelsekunden nicht denken, und wie auf höheren Befehl trat ich auf das Gaspedal. Ganz knapp kam ich vor der Lok hinüber. Dann mußte ich stehenbleiben, denn ich war vor Schreck wie gelähmt. Der Lokomotivführer hat von all dem nichts bemerkt. In diesen 30 Jahren nachher habe ich mich oft gefragt, was in diesen Sekunden passiert war. Woher kam das Licht, auf das ich zugefahren war?

Es gab weder Gegenverkehr noch Straßenbeleuchtung. Ein erfahrener Autolenker würde bei Gefahr automatisch bremsen. Das wäre mein sicherer Tod gewesen. Warum bin ich aufs Gas gestiegen? Für mich gibt es nur eine Erklärung: In dieser Nacht hatte meine Mutter um eine gute Heimkehr für mich gebetet. Der Schutzengel hat mich geleitet.

Auch mein Freund erzählte eine ähnliche Geschichte, die sich vor drei Jahren ereignet hat:

Der 44jährige erfahrene Autolenker fuhr seinen schnellen Wagen in Richtung Landeshauptstadt. Viel zu schnell, mit fast 100 km/h auf der Landstraße, begegnete ihm eine Autokolonne. Da brach etwa 200 m vor ihm ein LKW aus der Reihe und fuhr mit ebenfalls sehr hoher Geschwindigkeit auf seiner Fahrbahn auf ihn los. Bremsen: aussichtslos. Aneinander vorbeikommen — ganz unmöglich, die Straße war viel zu schmal. Vor Schreck nicht mächtig, das Unheil abzuwenden, wurde ihm schwarz vor den Augen. Sein Fahrzeug raste auf den Lastwagen zu. Da ergriff eine unsichtbare Hand das Lenkrad und steuerte, zwischen zwei Begrenzungssteinen am äußersten Rand des Bankettes fahrend, einige Zentimeter knapp am gegnerischen Fahrzeug vorbei. Mein Freund schwor, in diesen Augenblicken nicht gesteuert zu haben, und als er sich wieder besinnen konnte, war er gerettet. Daheim angelangt, erfuhr er, daß seine Frau aus einem unerklärlichen Grund in großer Sorge um das Leben ihre Mannes war und zur gleichen Zeit der höchsten Gefahr um den Beistand des Schutzengels gebetet hatte.

War es Zufall? Sagt man zu einer derartigen Rettung »Glück gehabt«? Oder hat die Kraft des Gebetes die guten Mächte mobilisiert? Ich habe in mehreren Büchern Berichte über Engelserscheinungen gelesen, wo Menschen in höchster Not gerettet wurden.

In den USA veröffentlicht die allseits anerkannte Zeitschrift »Guideposts« die Engelserlebnisse und Engelserfahrungen der Menschen der Gegenwart. Möglicherweise könnte man manche Ereignisse natürlich erklären, aber viele liebevolle Zuwendungen und Rettungen aus höchster Not kann niemand erklären, weil sie von überirdischen Wesen stammen. Daß die gefallenen Engel, Satan mit seinen Dämonen, auf die Menschen einwirken können, daran zweifelt man nicht mehr. Bücher über Satanismus, Spiritismus, Tischchenrücken, magische Rituale und Anrufungen, Hexerei, Botschaften aus anderen Dimensionen und okkulte Erscheinungen berichten über die Wirksamkeit der dämonischen Einflüsse auf den Menschen. Wer sich damit befaßt, ist überzeugt von der Existenz dieser Wesenhaftigkeiten und deren Kraft auf den Menschen. Wenn sich der Löffel von unsichtbarer Hand biegt oder der Tisch sich hebt, zweifelt niemand mehr an den geheimnisvollen Kräften.

Ich bin überzeugt davon, daß jedem Menschen ein Engel Gottes beigestellt ist, der den Menschen vor Unglück und Gefahr, auch vor der Sünde schützt, wenn wir Gott darum immerzu bitten und fest daran glauben. All die guten Mächte, die da heißen: Seraphim, Throne und Cherubim, die Gewalten, Herrschaften und Mächte, die Erzengel und Engelfürsten sowie die Schutzengel, sie alle stehen dem Menschengeschlecht bei. Satan gelingt es freilich, denn er ist ja als ehemaliger Lichtträger hochintelligent, seine Lügen schmeichelhaft, farbig und in glänzendem Licht an uns Menschen heranzutragen. Wir sind oft leichtsinnig und leichtgläubig, gehen auf die Lüge Satans ein, sodaß die Engel in den Hintergrund gedrängt werden.

Dr. med. H. C. Moolenburgh erzählt in seinem Buch, wie Finnland am 30. November 1939 vom übermächtigen Rußland in einer Zangenbewegung umzingelt wurde und wie durch ein Wunder aus dieser Zange entkommen war! Die finnischen Soldaten hatten um Hilfe gebetet und mitten in der Nacht einen riesenhaften Engel gesehen, der die bedrängten Krieger gerettet hat. So erklären die finnischen Soldaten die Rettung. Eine zweite vielbeachtete Engelserscheinung war das sogenannte »Wunder der weißen Kavallerie von Ypern«*. Sie wurde von Zehntausenden deutscher Soldaten gesehen und erzählt: Im ersten Weltkrieg erlebten die englischen Soldaten, wie nach dem Lärm des Artilleriefeuers die deutschen Feinde näherrückten. Gleich darauf stellten die Deutschen aus unerklärlichen Gründen die Artilleriebeschießung ein und flüchteten total verwirrt. Die Engländer nahmen einige deutsche Offiziere gefangen. Diese waren fassungslos und erzählten folgende Geschichte: »Gerade als sie unter Deckung ihrer Artillerie ausrückten, sahen sie plötzlich auf der englischen Seite ein Heer auftauchen: weißgekleidete Reiter auf weißen Pferden. Ihr erster Gedanke war, daß die Engländer neue marokkanische Truppen einsetzten. Ihre Artillerie und Maschinengewehre überschütteten das anrückende Heer mit Granaten und Kugeln. Aber kein Reiter fiel vom Pferd. Und nun sahen sie deutlich, daß eine große Gestalt mit goldblondem Haar und einem Heiligenschein vor dem Heer einherritt. Sie saß auf einem großen weißen Pferd.« — »Die Deutschen wurden von panischer Angst ergriffen und brachen ihre gefährliche Offensive wieder ab. Die Engländer hatten nichts gesehen, aber in den darauffolgenden Tagen wurde das Ereignis durch Zehntausende neuer Gefangener bestätigt.«*

Aus dem Zweiten Weltkrieg wird von Soldaten »das Wunder von Dünkirchen«* berichtet. Auch da wurden Engelsheere gesichtet. In diesen Fällen handelte es sich um die helfenden Eingriffe des Erzengels Michael. Er schützt die Völker und Nationen und verteidigt sie vor den Angriffen des Satans. Letztlich siegt das Gute. Oder kann sich jemand vorstellen, was die Menschheit erlebt hätte, wenn Adolf Hitler den Krieg gewonnen hätte und in den Gasöfen nicht nur alle Juden, sondern auch die Christen und sonstigen

---

* Dr. med. H. C. Moolenburgh, Engel als Beschützer u. Helfer d. Menschen, S. 189, 110

Gegner seiner Tyrannei vernichtet worden wären? Was wäre mit dem afrikanischen Kontinent geworden, wenn Idi Amin nicht entmachtet worden wäre?

Ich gebe zu, es ist nicht immer leicht zu unterscheiden, ob eine Eingebung von den Mächten des Himmels stammt oder von den Gewalten der Hölle. Der Teufel und seine Gesellen zeigen sich manchmal als Gestalten des Lichtes. Entscheidend, so meine ich, ist die Zuwendung des Menschen. Wenn ich mich für die Engel und den Himmel entscheide, wenn ich Gott um den Beistand der Engel bitte, werde ich deren Hilfe erlangen. Wenn ich mich täglich und jederzeit in tiefem Glauben ihrem Gutsein anvertraue, werden ihre Eingebungen mein Denken und Handeln nach den himmlischen Mächten ausrichten. Wenn sich hingegen ein Mensch den dunklen Mächten verschreibt oder meint, aus eigenen Kräften allein sein Leben gestalten zu können, wird er von den Eingebungen der Dämonen gesteuert.

Beten wir mit Dietrich Bonhoeffer: »Von guten Mächten wunderbar geborgen erwarten wir getrost, was kommen mag. Gott ist mit uns am Abend und am Morgen, und ganz gewiß an jedem neuen Tag.«

Dieses Gebet macht frei. Mit den Engeln erlebe ich Licht und Freiheit. Mit den Engeln lernen wir den bescheidenen, dienenden und liebevollen Umgang mit den Mitmenschen und werden uns auch brüderlich verhalten zu Tieren und Pflanzen, zur ganzen Schöpfung Gottes. Wir werden dem Leben dienen und Wärme und Licht ausstrahlen.

Wer sich hingegen den dunklen Mächten verschreibt, wird arrogant und selbstsüchtig, will über die anderen Menschen herrschen, wird Mißtrauen ernten, Haß säen und seine Mitmenschen in die Versklavung führen, was zu Streit, Krieg und Mord führt. Die Eingebungen des Satans und seiner Dämonen verführen uns dazu. Oft

beginnt die Verschwörung mit dem Teufel mit einer glänzenden Karriere, mit großen Scheinerfolgen, mit Geld, Macht, Einflußreichtum, augenscheinlichem Glanz und mit Ehre.

Man lasse sich nicht verführen und täuschen! Der Weg, den uns Luzifer zeigt, führt in die Dunkelheit, zu Leichengeruch und Tod. Der Weg, den uns der Engel zeigt, führt ins Licht, zur Freiheit und zum Leben. Wir müssen sehr wachsam sein, um erkennen zu können, ob wir in die Versklavung geführt werden oder in die Freiheit. Freilich ist der breite Weg des Geldes, der Macht und des Erfolges verlockender als der schmale Steig zum Gipfel. Der Anstieg kostet Mühe.

Was ist aber mit jenen Menschen, die sich weder für Satan, noch für den hl. Michael entscheiden?

Wer Gott und seine himmlischen Mächte nicht in sein Leben hineinnimmt, wird keine himmlischen Eingebungen empfangen. Die Dämonen werden ihn angehen, verkleidet als vornehme Menschen. Aberglaube wird sein Leben verwirren, vom Hufeisen angefangen zur Sterndeuterei, über Wahrsagerei und Handlesekunst bis hin zu spiritistischen Sitzungen mit Tischchenrücken und Totenbefragungen. Und nicht selten kommt es dazu, daß diese Menschen im Wesen verfinstern oder ihr Geist verrückt wird.

Wir leben in einer Wendezeit

Die Menschen entscheiden sich für dienende Liebe oder für Rechthaberei, für Selbstbesteuerung zugunsten der Hungernden oder Selbstbereicherung aufkosten der Mitmenschen oder der Umwelt, für die Pflege des Lebens, wo immer man es trifft oder für die Abtreibung und Mißachtung der Schöpfung Gottes, für das Unterstützen der Schwachen und Hilflosen oder für die Mitarbeit in elitären Gremien. Ich erkenne zwei Lager. Die einen werden von den guten Mächten, die anderen von den dunklen Mächten geleitet.

Kann es sich die Welt leisten, auf die Hilfe der Engel zu verzichten? Denken wir an den Hunger in der Welt, an die Zerstörung der Umwelt, an die Möglichkeit, den Planeten Erde in das All zu sprengen, an den Massenmord an ungeborenen Kindern, die Anbetung des Materialismus, an die Abgötterei oder die Satanskirche in den USA.

Wir brauchen Hilfe von draußen, von überirdischen Mächten. Ohne die Engel schaffen wir es nicht mehr. Wir können die gewaltigen Probleme nicht lösen. Wenn wir uns unter Gottes Leitung stellen, strömen uns neue Ideen zu.

Ich träume davon, daß die reichen Völker das überschüssige Getreide den Hungernden zukommen lassen.

Ich träume davon, daß sich in den Gehirnen der Mächtigen ein Wandel vollzieht und die Atomwaffen auf einem fernen Stern im Weltall entsorgt werden. Ich träume davon, daß wir Menschen unsere Erde, das Wasser und die Luft so rein halten, daß alles Leben ungestört gedeihen kann.

Ich träume davon, daß die Kraft des Lichtes, der Liebe und des Lebens die Dunkelheit durchbrechen wird.

Können uns die Toten aus dem Jenseits helfen?

Eine direkte Verbindung wie mit einem Telefon gibt es zwischen Diesseits und Jenseits nicht. Manche Menschen versuchen zwar in sogenannten spiritistischen Sitzungen Kontakte mit den Toten herzustellen: Die Gruppe versammelt sich mit einem Medium um einen Tisch. Ein Medium ist ein Mensch, der sich in Trance, das heißt in einen schlafähnlichen Zustand mit teilweiser Ausschaltung des Bewußtseins versetzen kann. Der Raum wird verdunkelt und eine eigenartige geisterhafte Stimmung erzeugt. Dann beginnt die Totenbefragung oder Totenbeschwörung. Es gibt verschiedene Techniken der Befragung.

Im Alten Testament lesen wir, wie König Saul vor der großen Schlacht gegen die Philister die Hexe von En Dor beauftragte, den Geist des Propheten Saul zu befragen. Und der Geist sagte dem König seinen und seiner Söhne Tod und die Niederlage gegen die Philister voraus (1 Sam 28). Wir wissen, daß dieser König Saul zur Zeit, da er noch an Gott glaubte, die Totenbeschwörer und Wahrsager im Lande ausrotten ließ (1. Sam 28; 9). Als aber Saul durch seine Verfehlungen die Verbindung mit Gott verloren hatte und verzweifelt war, betrieb er diese Totenbeschwörung selbst.

Gott lehnt Totenbefragungen ab. Bei Jes 8, 19-22 heißt es: »Wenn man euch sagt: Befragt die Totengeister und Zauberkundigen, die flüstern und murmeln, dann erwidert: Soll ein Volk nicht lieber seinen Gott befragen? Warum soll man für die Lebenden die Toten befragen? Lehre und Warnung: Wer sich daran nicht hält, für den gibt es kein Morgenrot. Er wandelt umher verdrossen und hungrig. Und wenn er hungert, dann wird er wütend, und er verflucht seinen König und seinen Gott. Er blickt nach oben und blickt zur Erde, aber überall sieht er nur Not, Finsternis und beängstigendes Dunkel.«

Das Befragen der Toten bringt sicher keine Hilfe für den Menschen. Im Gegenteil: Nicht die verstorbene Person erteilt durch das Medium Ratschläge, sondern Satan und seine Dämonen gaukeln uns das Bild des Toten vor. Die Dämonen geben ihre boshaften und trügerischen Ratschläge, die den Menschen zutiefst verunsichern und von Gott wegbringen.

Totenbeschwörungen empfiehlt der Widersacher des Menschen, und die Antworten flüstert er dem Medium ein, um die Seelen der Menschen an sich zu reißen, weil sie an den Scheinerfolg glauben. Freilich gelingt es dem gefallenen Engel, die Zuschauer bei spiritisti-

> ***Glaube,***
> ***dem die Tür versagt,***
> ***steigt als Aberglaub'***
> ***durchs Fenster.***
> ***Wenn die Gottheit***
> ***Ihr verjagt,***
> ***kommen die Gespenster.***
>
> Emanuel Geibel

schen Sitzungen zu verblüffen, weil Satan übernatürliche Kunststücke vorführen und manches über die Zukunft voraussagen kann. Dadurch macht er sich glaubwürdig bei den Menschen.

Warum soll man für die Toten beten?

Wenn wir für unsere Toten beten, dann wird uns Hilfe zuteil. Der Weg zu den Toten führt über Gott.

Als ich ein Kind war, habe ich meinen Vater im Krieg verloren. Oft habe ich zu Gott gebetet, ihm die ewige Herrlichkeit zu schenken. Ich bin durch diese Gebete im Glauben fester geworden und hatte bei schwierigen Entscheidungen das Gefühl, nicht allein zu sein. Bestimmt hat mein leiblicher Vater bei Gott für mich und mein Wohl gebetet.

Pater O. Staudinger schreibt in seinem Büchlein »Wie dankbar die armen Seelen sind«: »Die armen Seelen werden sich dankbar erweisen, indem sie für uns beten, besonders dann, wenn sie durch unsere Hilfe früher zur Anschauung Gottes gelangt sind.«*

Die Kirche gibt zu Allerheiligen und Allerseelen Empfehlungen, wie wir für unsere Verstorbenen zu Gott beten sollen, und es gibt viele Berichte darüber, wie die armen Seelen umgekehrt uns helfen durch ihr Gebet bei Gott.

Der Weg zu den Toten führt über Gott. Daher hat die Kirche gegen die heidnischen Totenkulte und Geisterbeschwörungen in spiritistischen Sitzungen eindeutig Stellung genommen. Kein überzeugter Katholik soll sich auf die gefährlichen Praktiken einlassen. Der spanische Theologe Francisco Suarez meint außerdem, daß die Schutzengel eine Vermittlerrolle einnehmen. Die Schutzengel geben den Verstorbenen zu erkennen, daß wir Menschen ihnen geholfen haben und regen die Seelen der Verstorbenen an, uns ihre Liebe und Dankbarkeit zu bezeugen. Und Gott erhört gerne das Gebet, das die armen Seelen für ihre Wohltäter verrichten. Darin besteht die Hilfe und die Kraft, die wir von den Verstorbenen erhalten.

Der hl. Pfarrer von Ars sagte: »Man muß viel für sie beten, damit die armen Seelen viel für uns beten.«* Weiter sagte der Heilige: »Es ist sicher: Die armen Seelen im Fegefeuer können nichts für

---

* P. Odo Staudinger, Wie dankbar die armen Seelen sind

sich selber tun, aber sie vermögen viel für uns. Die Erfahrung lehrt, daß es fast niemanden gibt, der die Seelen des Fegefeuers angerufen hätte, ohne die erbetenen Gnaden zu erhalten.«* Und die hl. Katharina, deren Leib seit 1436 unverwest in Bologna aufbewahrt wird, bekennt: »Wenn ich vom himmlischen Vater irgend eine Gnade zu erlangen wünsche, so wende ich mich an die Seelen im Fegefeuer. Ich ersuche sie, in meinem Namen meine Bitten der göttlichen Majestät vorzutragen, und ich fühle, daß ich durch ihre Fürbitten erhört werde.«* Der hl. Kirchenlehrer Alphons von Liguori schrieb: »Das Gebet, das wir für die armen Seelen im Fegefeuer verrichten, damit Gott ihnen in ihren Leiden Linderung gewähre und sie bald in seine Herrlichkeit eingehen lasse, bringt auch uns großen Nutzen ... Darum werden sie, wenn sie in den Himmel eingegangen sind, jene gewiß nicht vergessen, die für sie gebetet haben.«*

Die große Mystikerin Anna Maria Lindmayr sagte: »Gott erhört jene geschwind, welche zu den armen Seelen Vertrauen haben, sie anrufen und bitten.«*

Die stigmatisierte Augustinernonne Anna Katharina Emmerick sagte zu ihrem Arzt: »Das schönste und gottgefälligste Gebet ist das Gebet für andere. Sorgen Sie nicht für sich, beten Sie für andere und für die armen Seelen im Fegefeuer, dann legen Sie ihr Gebet auf gute Zinsen.«*

Es gibt unzählige Berichte über Gebetserhörungen, über Hilfen in Not und Heilungen. Menschen, die sich an die Seelen Heimgegangener gewandt haben, erfuhren deren Hilfe.

Ohne erklärbare Ursache bekam ich eines Tages einen schweren Schüttelfrost, der mich ins Bett zwang. Als mein Körper ruhiger wurde, kam mir eine alte Frau in den Sinn, die ich am Urlaubsort kennengelernt hatte. Ich spürte, daß sie in Not sei und mich brauchte. Ich betete für sie. Erst einige Tage später erfuhr ich, daß sie zur gleichen Minute eines einsamen Todes gestorben war. Ich habe an die Frau nicht mehr gedacht, als sie mir genau ein Jahr später im Traum bewußt wurde und mich um unser Gebet bat. Wir ließen eine heilige Messe feiern und schließen die Frau täglich in unser Gebet ein.

---

* a. a. O.

Ein zweites Erlebnis: Meine Mutter war 1944 Kriegswitwe geworden und stand mit drei kleinen Kindern allein da. Im Haus wohnte auch ihre Schwester, meine Tante, die ledig geblieben war und mich durch ihre tiefe Religiosität stark beeindruckte. Sie spielte für mich eine Art Vaterrolle. Nach ihrer schweren Operation erschien sie mir in einem lebhaften Traum als Totengerippe und bat mich mit eindringlichem Blick um das Gebet. Ich aber war nachlässig. Meine Mutter pflegte ihre Schwester liebevoll. Genau ein Jahr nach dem Traum starb meine Tante. Wir beteten anfangs viel für sie, und sie hatte sich noch bei Lebzeiten gewünscht, sie wöchentlich einmal auf dem Friedhof zu besuchen. Ich wurde nachlässiger mit den Besuchen. Da ereignete sich folgendes: Ich erkrankte an einem schweren Magenleiden, und unser jüngerer Sohn litt unter einer Allergie, die sich bis zum Bronchialasthma steigerte. Die Ärzte hatten uns beiden Höhenluft verordnet, und wir suchten im nahegelegenen Bergland ein Fleckchen Almwiese. Meine Münzensammlung lag zum Verkauf bereit, aber in diesen Gegenden war überall Bauverbot, auch für Hütten. Aufgrund eines von den Behörden sehr streng eingehaltenen Flächenwidmungsplanes konnte nichts mehr verkauft werden.

Kurz nach dem Tode meiner Tante freundeten wir uns mit einer Familie an, die neu zugezogen war. Sie stammten aus dieser Gegend und vermittelten uns ein kleines Grundstück, bei dem alles stimmte: Lage, Höhe und Preis. Überraschend schnell und leicht kam es zum Kaufvertrag, und ich wußte nicht, wodurch uns dieses große Glück zuteil wurde. Heute weiß ich es, denn jedesmal, wenn wir zu dieser 15 Kilometer entfernten Almwiese fahren, kommen wir am Friedhof und ganz nahe am Grab meiner Tante vorbei, und nie vergessen wir, dreimal dankbar zu beten: »O Herr, gib unserer Tante und allen armen Seelen im Fegefeuer die ewige Ruhe, und das ewige Licht leuchte ihnen. Herr, laß sie ruhen in Frieden, Amen.« Wir vergessen nie darauf, und ich gewann die Gewißheit, daß zwischen dem Grundkauf und dem Totengedenken ein Zusammenhang besteht. Übrigens, jetzt nach vier Jahren steht fest, daß unsere Almwiese das letzte Grundstück war, das in dieser Gegend verkauft werden durfte.

Gibt es ein Leben nach dem Tode?

Spätestens zu Allerheiligen taucht bei meinen Jugendlichen im Rahmen des Religionsunterrichtes die Frage auf: »Gibt es ein Leben nach dem Tode?« Vor allem die zwei zeitgenössischen Wissenschaftler Dr. med. Kübler-Ross und Dr. med. R. Moody haben in ihren Büchern ihre Forschungsergebnisse dargelegt. Das wichtigste Buch von Dr. Moody heißt »150 Menschen, die einmal im medizinischen Sinne gestorben waren und doch überlebt haben, berichten über ihr Leben nach dem Tode«.

Für Dr. Moody begann es mit einem Zufall. Einer seiner Medizinprofessoren war einmal einige Minuten lang für klinisch tot erklärt worden. Doch er überlebte und erzählte dem Studenten Moody, wie er sein Sterben und das, was danach kam, »erlebt« hätte. Später hörte Dr. Moody, wieder rein zufällig, einen weiteren Bericht von einem Menschen, der ebenfalls Herz- und Atemstillstand hatte und wieder gesund wurde.

Die Ähnlichkeit der beiden Berichte, so meinte Dr. Moody, könne kein Zufall sein, und er begann zu forschen. Dr. Moody war inzwischen Psychiater an der Universitätsklinik von Virginia geworden und machte Menschen ausfindig, die einmal klinisch tot waren, das heißt, deren Herz einige Minuten stillgestanden war und deren Atmung ausgesetzt hatte, meist infolge eines Unfalles. All diese Menschen wurden gerettet und erzählten ihre Erfahrungen jenseits des normalen Lebens, also während der Zeit des Herz- und Atemstillstandes.

Interessant daran ist, daß die befragten Personen Erlebnisse berichteten, die sich bis in Einzelheiten ähnlich sind. Dr. Moody hat die Berichte gesammelt, wissenschaftlich untersucht, zusammengefaßt und die Gemeinsamkeiten herausgearbeitet.

Hinzufügen möche ich, daß die befragten Personen natürlich nicht biologisch tot waren. Sie alle waren kurze Zeit, einige Minuten leblos, ich nenne diesen Zustand »scheintot«, denn unwiderruflich tot waren sie ja nicht. Der Zersetzungsprozeß der Körperzellen hatte noch nicht begonnen. Es gab noch keine typischen Zeichen des Todes wie Totenstarre oder Leichenflecken oder die bekannte Tatsache, daß sich das Blut zersetzt, wie es in der Hl. Schrift beschrieben wird, als das Herz Jesu mit der Lanze vom Soldaten durchstochen wurde. Es heißt dort »sogleich floß Blut und Wasser heraus«, ein klares Zeichen des endgültigen Todes. Biologisch tote Menschen können auch mit den besten technischen Geräten der Mediziner nicht mehr zum Leben erweckt werden.

Die Personen, die dem Arzt Dr. Moody ihre Berichte lieferten, waren nicht im üblichen Sinne tot, sondern nur »scheintot«. Sie hatten folgende Anzeichen: Sie lagen bewegungslos da, waren bewußtlos, hatten keinen Pulsschlag und atmeten nicht mehr. Ihre Pupille war starr erweitert, was auf eine fehlende Sauerstoffzufuhr zum Gehirn hinweist. Bei Bewußtlosen, deren Herz noch schlägt, beobachtet man bei der Pupillenkontrolle, daß sich die Pupille zusammenzieht, wenn Licht darauf fällt. Diese Pupillenreaktion ist ein Zeichen für noch vorhandene Durchblutung des Gehirnes.

Die Mediziner und auch Ersthelfer führen bei Atemstillstand und Herzstillstand sofort eine künstliche Beatmung und Herzmassage durch. So konnten viele schwerverletzte Scheintote wieder gerettet werden, auch jene, die Dr. Moody ihre Berichte gaben.

Welche Forschungsergebnisse hat Dr. Moody veröffentlicht?*

1. Der Sterbende hört, wie der Arzt ihn für tot erklärt und vernimmt ein angenehmes Läuten oder Brummen.
2. Er muß sich schnell durch einen langen dunklen Tunnel bewegen und ist dann außerhalb seines Körpers. Er kann die Wiederbelebungsversuche seiner Retter aus einigen Metern Entfernung beobachten. Der Sterbende sieht Tätigkeiten der Ärzte, die er aus normaler Lage im Patientenbett nicht beobachten könnte. Seine Gefühle sind aufgewühlt, und der Körper gehört noch irgendwie zur Person.
3. Als nächstes Ereignis erblickt er, wie sich andere Wesen nähern. Es sind dies die Geistwesen von bereits verstorbenen Verwandten und Freunden. Ein Lichtwesen, das Liebe und Wärme ausstrahlt, veranlaßt ihn, das ganze Leben zu bewerten. Er sieht sein Leben nicht wie in einem Film ablaufen, sondern auf einen Blick ohne zeitliche Aufeinanderfolge in Sekundenschnelle sein Lebenspanorama.
4. Nach der Lebensrückschau nähert sich der Scheintote einer Scheidelinie zwischen dem irdischen und jenseitigen Leben. Doch es wird ihm klar, daß er wieder zur Erde zurück muß.

---

* In Anlehnung an Dr. R. Moody, »Life after Life«.

5. Weiter wird von den Patienten berichtet, sie hätten das Gefühl der Freude, der Liebe und des Friedens gehabt. Davon gibt es Abweichungen bei Menschen, die Selbstmordversuche begangen hatten.

6. Alle Berichterstatter hatten große Schwierigkeiten im sprachlichen Ausdruck und konnten das Erlebte nur schwer beschreiben.

7. Von dieser Unbeschreibbarkeit bzw. den Mitteilungsschwierigkeiten berichten auch Visionäre, wenn sie ihre Schau, die Vision, erzählen möchten.
   Weiter ist allen gemeinsam eine ausgeprägte Scheu davor, überhaupt etwas von dem Erlebten zu erzählen, weil gefürchtet wird, daß die Zuhörer darüber spotten.

8. Die Erlebnisse haben im Leben dieser Menschen tiefe Spuren hinterlassen. Viele, fast alle, änderten ihr Leben von Grund auf und blieben fürderhin auf ein jenseitiges Leben hin orientiert.

Es haben sich auch andere Wissenschaftler mit diesem Thema der Sterbeforschung beschäftigt: Frau Dr. Elisabeth Kübler-Ross, »Interviews mit Sterbenden«.

Dr. Karlis Osis u. Dr. Erlendur Haraldson, »Der Tod — ein neuer Anfang«, sind sicher die bekanntesten. Beim Lesen anderer einschlägiger Bücher und Schriften kamen mir manchmal starke Bedenken, ob der Schreiber wissenschaftliche Erkenntnisse berichtete oder nur der Sensationslust diente.

Die Argumente der Wissenschaftler sind für mich bestechend, und es scheint, als ob sie »mehr zählten«, als ob sie mehr Glauben an ein Weiterleben nach dem Tode bewirken würden als die Berichte der Bibel.

Konkrete Beweise der Wissenschaftler unterstützen sicher die Berichte aus der Bibel.

In der Hl. Schrift sind uns starke Aussagen über das Leben nach dem Tode überliefert:

In Jesaja 26, 19 heißt es: »Deine Toten werden leben, die Leichen stehen wieder auf; wer in der Erde liegt, wird erwachen und jubeln. Denn der Tau, den du sendest, ist ein Tau des Lichtes: Die Erde gibt die Toten heraus.«

Der Prophet Daniel schreibt in 12, 2 »Von denen, die im Land des Staubes schlafen, werden viele erwachen, die einen zum ewigen Leben, die anderen zur Schmach, zur ewigen Abscheu.«

Und Paulus fragt in seiner Rede vor König Agrippa: »Warum haltet ihr es für unglaubhaft, daß Gott Tote auferweckt?« (Apg 26, 8).

Im 1. Brief an die Korinther (1. Kor 15, 35-52) beschreibt Paulus die Art und Weise der Auferstehung. Die Berichte, wie Jesus Tote zum Leben erweckte, übertreffen an Einmaligkeit und Großartigkeit bei weitem die Berichte moderner Wissenschaftler über ihre Hinweise für ein Leben nach dem Tode.

Die Toten, die Jesus erweckte, waren keine Scheintoten, sondern Menschen, die alle Symptome eines endgültigen Todes an sich hatten: Totenstarre, Leichenflecken, Blutzersetzung (nach dem Tod Jesu), und von Lazarus wird berichtet »er riecht schon«; das heißt, seine Körperzellen sind schon in Verwesung übergegangen.

Der Evangelist Johannes erzählt diese Begebenheit in 11, 32-44.

Lesen wir in der Bibel noch weitere Berichte über Totenerweckungen: die Tochter des Synagogenvorstehers Jairus: Mt 9, 25; Mk 5, 41; Lk 8, 54; der Sohn der Witwe zu Naim: Lk 7, 11 ff

Hierbei handelt es sich um »echte Totenerweckungen«.

Ein junger Arzt schrieb zu Allerheiligen in einem Nachrichtenblatt über das Thema »Gibt es ein Leben nach dem Tod?« Er meinte darin, daß das Weiterleben nach dem Tode wissenschaftlich nicht belegbar sei, und der Glaube einen Trost biete. Ich habe dazu folgenden Leserbrief geschrieben:

Das Leben nach dem Tode

Im B.H.K. (Jg. 143, Nr. 13) schreibt Dr. N. M. als Abschluß seines Artikels: »Den Beweis für das Leben nach dem Tode gibt es allerdings nach wie vor nicht; hier scheiden sich Religion und Wissenschaft. Und Trost läßt sich sicher in dem finden, was der einzelne glaubt.«

Es ist mir eine Gewissenspflicht, auf diese grobe Vereinfachung und Verallgemeinerung einer privaten Meinung zu reagieren: Sind denn unsere christlichen Mystiker, die griechischen Weisen, die buddhistischen Mönche und die Milliarden Menschen auf dieser Erde nur getäuschte Narren, wenn sie von der Unsterblichkeit der menschlichen Seele überzeugt sind? In der Bibel sagen Jesaja

(26, 19), Daniel (12, 2), Paulus (Apg 26, 8; 1. Kor 15, 35-52) über die Tatsache der Unsterblichkeit aus. An nichtchristlichen Quellen möchte ich Platon (427 - 347 v. Chr.) sowie das Tibetanische Totenbuch zitieren, die ein Leben nach dem Tode beschreiben. Und was ist mit jenen, die vom Jenseits zurückgekehrt sind, vom Tode erweckt wurden zum Leben: die Tochter des Synagogenvorstehers Jairus (Mt 9, 25; Mk 5, 41; Lk 8, 54), der Sohn der Witwe zu Naim (Lk 7, 11 ff) und Lazarus (Joh 11, 1 ff)? Wer diese Berichte nicht ernst nimmt, muß auch Berichte über Sokrates, Caesar oder Napoleon leugnen!

Zu welchem Ergebnis kamen die Forscher der Gegenwart, wenn sie die Frage nach dem Weiterleben nach dem Tode aufwerfen? Sie alle sind von dem Weiterleben nach dem Tode überzeugt. Ich zitiere einige Namen und Bücher: Frau Dr. med. Elisabeth Kübler-Ross, die sich seit Jahrzehnten mit diesem Thema beschäftigt; der Arzt und Psychiater Dr. Dr. Raymond Moody, Psychiater an der Universitätsklinik von Virginia: »Leben nach dem Tod«; Dr. Karlis Osis und Dr. Erlendur Haraldson: »Der Tod, ein neuer Anfang«; Detlef-J. Lauf: »Geheimlehren tibetanischer Totenbücher«; Gerhard R. Steinhäuser: »Der Tod und was dahinter ist« ... Sie und noch viele andere Wissenschaftler sind überzeugt von einem Leben nach dem Tode. Ich gebe zu, daß man diese Tatsache schwer beweisen kann. Aber es gibt genug Tatsachen, die man nicht leicht durchleuchten, erkennen oder beweisen kann: Ich denke an die vielen von Ärzten als unheilbar bezeichneten Patienten, die von Magnetiseuren oder bei Krankensegnungen geheilt wurden. Ich kenne solche Menschen. Für die Medizin unerklärbare, unbeweisbare Heilungen, aber sie sind Tatsachen. Und wie ist es mit den Naturheilmethoden, die ebenfalls wirken können? Ich möchte zusammenfassen: Alles deutet darauf hin, daß es ein Weiterleben nach dem Tode gibt. Diese Tatsache ist freilich schwer erlebbar, aber trotzdem die Überzeugung von Milliarden Menschen.

Kritische Anmerkungen zum Thema »Leben nach dem Tode«

Warum stellen Frau Dr. Kübler-Ross und auch Herr Dr. R. Moody den Tod in ein unvergleichlich sympathisches Licht, wo doch seit Menschengedenken Angst herrscht vor dem Tod, die Menschen vor dem Tod als einen Sturz ins Unbekannte erschrecken?

Hat Jesus auch so gedacht und gesprochen? Was sagt dazu die Bibel? Im ersten Buch Mose, beim Sündenfall Adams und Evas, lesen wir, wie die Schlange den Menschen verführt (Gen 3, 1-5) und daß die Folge des Ungehorsams des Menschen der Tod sei.

Im Neuen Testament hat Jesus selbst seinen Freund Lazarus vom Tod erlöst, als er ihn auferweckte (Joh 11, 33), und er hat den Tod als den Feind des Menschen bezeichnet, wenn er sagt: »Der letzte Feind, der entmachtet wird, ist der Tod.« (1. Kor 15-26)

Paulus schreibt an die Römer (Röm 6, 23): »Denn der Lohn der Sünde ist der Tod, die Gabe Gottes ist das ewige Leben in Christus Jesus, unserem Herrn.«

Die Rettung des Menschen kommt aus der Gnade Gottes. Ich zitiere den hl. Paulus in Eph 2, 8: »Denn aus Gnade seid ihr durch den Glauben gerettet, nicht aus eigener Kraft — Gott hat es geschenkt — nicht auf Grund eurer Werke, damit keiner sich rühmen kann.« — »Wir Menschen sind Sünder«, schreibt er in Röm 3, 23, »alle haben gesündigt und die Herrlichkeit Gottes verloren.«

Warum aber stellen die Sterbeforscher den Tod als die wunderbare Erlösung des Menschen aus sich selbst dar?

Weil sie die Zeugnisse der Hl. Schrift nicht entsprechend werten und den Aussagen der Scheintoten über Geistwesen und Lichtwesen eine zu hohe Bedeutung beimessen.

Frau Dr. Kübler-Ross zum Beispiel hat »Umgang mit Geistern und Dämonen«*. In einer ihrer Ansprachen sagte sie wörtlich: »Letzte Nacht besuchte mich Salem, mein Leitgeist, und zwei seiner Freunde, Anna und Willi. Sie blieben bis 3 Uhr bei mir. Wir redeten, lachten und sangen zusammen. Sie sprachen mit mir und berührten mich mit unglaublicher Liebe und Zärtlichkeit.«*

Ich habe schon darauf hingewiesen, daß die Hl. Schrift derartige spiritistische Praktiken entschieden ablehnt, und die Menschen, die sich damit abgeben, »Gott ein Greuel« sind und »dem Gerichte verfallen.«

Dr. Moody schreibt, daß die scheintoten Patienten mehrere Geistwesen von bereits verstorbenen Verwandten und Freunden und ein Lichtwesen erlebten. Frage: Wer sind diese? Gott erlaubt

* ethos 6, Juni 1987, S. 25

und fördert nicht den Kontakt mit den Toten. Im fünften Buche Mose (18, 10-12) lesen wir: »Es soll bei dir keinen geben, der seinen Sohn oder seine Tochter durchs Feuer gehen läßt, keinen, der Losorakel befragt, Wolken deutet, aus dem Becher weissagt, zaubert, Gebetsbeschwörungen hersagt oder Totengeister befragt, keinen Hellseher, keinen, der Verstorbene um Rat fragt. Denn jeder, der so etwas tut, ist dem Herrn ein Greuel. Wegen dieser Greuel vertreibt sie der Herr, dein Gott, von dir.«

Mit Sicherheit will Gott keine direkten Kontakte mit den Verstorbenen. Wenn wir für sie beten, ist das ganz etwas anderes. Die Geistwesen und das Lichtwesen stammen also sicher nicht von Gott. Natürlich können diese Erscheinungen auch durch Halluzinationen infolge Sauerstoffmangels im Gehirn entstanden sein, also eine Reaktion der Nerven. Die Wissenschaftler wissen, daß Rauschgift, Drogen, zum Beispiel Meskalin, religiöse Halluzinationen oder Visionen hervorrufen können. Eine Reaktion des Gehirns. Diese natürlichen Erklärungen schließt Dr. Moody in seinem Buch aus.

Wenn aber die sogenannten Geistwesen und die Lichtgestalt weder eine Halluzination (und vieles spricht für Dr. Moody), noch von Gott gesandte Wesen sind, dann können sie nur von einer dunklen Macht stammen, eine Vortäuschung des Satans sein. Zu diesem Gedanken schreibt der Direktor einer Psychiatrischen Klinik, Dr. Philipp J. Swihart in seinem Buch »Der Tod — wirklich anders? Eine Auseinandersetzung mit Berichten von Dr. R. A. Moody, Dr. Elisabeth Kübler-Ross und Robert A. Monroe zum Leben nach dem Tode.«

Swihart schreibt, daß die Dämonen und Satan die Begegnungen mit den Verwandten nachahmen und vortäuschen: »Das würde höchst fantastisch klingen, wenn es nicht bereits in der Bibel Warnungen gäbe, die besagen, daß dies sehr wohl in der Macht Satans liegt und der Geister, die er befehligt.«* Der Autor bringt einige Beispiele, woraus klar hervorgeht, daß es sich um Dämonen handelt. Ein hinterlistiger und trügerischer Täuschungsversuch.

Nach dem Lesen der genannten Bücher komme ich zu folgender Erkenntnis:

---

* Ph. J. Swihart, Der Tod — wirklich anders?, S. 48

— Das Lichtwesen, und auch die sogenannten »geliebten Menschen« werden von Satan und seinen Dämonen vorgetäuscht.
— Der einzige Auftrag, den die Scheintoten bekommen: »... in Liebe Wissen aneignen«, tendiert zu einer humanistischen Forderung nach Allwissenheit. Jesus und die Bibel würden den Auftrag geben: »Kehrt um und glaubt an das Evangelium!« Davon aber keine Spur!

Zusammenfassend denke ich darüber so:

— Alle diese neuesten Erkenntnisse beweisen die Existenz von Geistern im Jenseits.
— Sie deuten hin auf ein Weiterleben nach dem Tode.
— Es ist größte Vorsicht geboten bei der Unterscheidung der Geister. Der ehemalige Lichtträger Luzifer und seine gefallenen Engel, die Dämonen, stellen sich dar als Engel des Lichtes. Sie wollen damit die Menschen täuschen, verführen und von Gott ablenken, sie abtrünnig machen.

Wann wird die Welt untergehen?

Um es gleich vorwegzunehmen: Wir wissen es, Gott sei Dank, nicht.

Welche Antwort gibt darauf die Bibel?

Beim Propheten Joël lesen wir in 3, 3-5: »Ich werde wunderbare Zeichen wirken am Himmel und auf Erden: Blut und Feuer und Rauchsäulen. Die Sonne wird sich in Finsternis verwandeln und der Mond in Blut, ehe der Tag des Herrn kommt, der große und schreckliche Tag. Und es wird geschehen: Wer den Namen des Herrn anruft, wird gerettet.« Im Neuen Testament schreibt der Arzt und Evangelist Lukas über die kosmische Katastrophe und das Kommen des Menschensohnes (Lk 21, 25-27).

»Es werden Zeichen sichtbar werden an Sonne, Mond und Sternen, und auf der Erde werden die Völker bestürzt und ratlos sein über das Toben und Donnern des Meeres. Die Menschen werden vor Angst vergehen in der Erwartung der Dinge, die über die Erde kommen; denn die Kräfte des Himmels werden erschüttert werden. Dann wird man den Menschensohn mit großer Macht und Herrlichkeit auf einer Wolke kommen sehen. Wenn das beginnt, dann richtet euch auf und erhebt eure Häupter; denn eure Erlösung ist nahe.«

In der Offenbarung des Evangelisten Johannes lesen wir (Offb 6, 12): »Und ich sah: Das Lamm öffnete das sechste Siegel. Da entstand ein gewaltiges Beben. Die Sonne wurde schwarz wie ein Trauergewand, und der ganze Mond wurde wie Blut.«

Ähnliches schreibt Markus (Mk 13, 24): »Aber in jenen Tagen, nach der großen Not, wird sich die Sonne verfinstern, und der Mond wird nicht mehr scheinen; die Sterne werden vom Himmel fallen, und die Kräfte des Himmels werden erschüttert werden.«

Matthäus schreibt (Mt 24, 11-14; 21-22; 29-30) von den falschen Propheten, die auftreten werden, von einer so großen Not, wie es noch nie eine gegeben hat und von der Sonne, die sich verfinstern wird.

Viele Lügenpropheten werden auftreten und viele verführen.

Die Ankündigungen in der Hl. Schrift sind ohne Zeitangabe. Wenn aber gewisse selbsternannte Religionsführer bestimmte Zeitpunkte für den bevorstehenden Weltuntergang nennen, dann handeln sie unbiblisch, auch wenn sie vorgeben, im Namen Gottes und Jesu Christi als Propheten zu sprechen.

Niemand kennt die Stunde außer der Herr und Gott!

Freilich entnehmen wir aus der Hl. Schrift bestimmte Anzeichen, die sich gegen das Ende der Tage hin zeigen, wie zum Beispiel »Wunderzeichen am Himmel und auf der Erde: Blut und Feuer, Dampf und Rauch« (Joël 3, 30); »viele Lügenpropheten werden auftreten und viele verführen, und weil die Bosheit überhand nimmt, wird die Liebe bei vielen erkalten ... und dieses Evangelium vom Reiche wird in der ganzen Welt allen Völkern zum Zeugnis verkündet werden, und dann wird das Ende kommen.«

Ich habe von einem Fachwissenschaftler gehört, daß die in der Bibel genannten Anzeichen für das Weltende eine Sonnenkatastrophe sein könnte. Bei einem Novaausbruch der Sonne würde ihre Leuchtkraft auf ein Vieltausendfaches und die Temperaturzunahme ähnlich vervielfacht werden. Wissenschaftler meinen, daß die biblischen Bilder vom blutroten Himmel, der Sonnenfinsternis, von Dampf, Rauch und den Meeren, die verdunsten, von Saaten und Pflanzen, die verdorren, alles in das Bild einer Sonnenkatastrophe paßt.

In diesem Zusammenhang denke ich an das »Sonnenwunder« in Fatima vom 13. Oktober 1917. 70 000 Neugierige und Nachbarn,

Journalisten und Gläubige, Priester und Wissenschaftler haben es gesehen und berichteten übereinstimmend, daß die Sonne als eine sich vergrößernde Scheibe, blutrot und große Hitze ausstrahlend, auf die versammelte Menge herabzustürzen schien. Als Beweis für das erschütternde Schauspiel waren die durch die Hitze in Minutenschnelle trocken gewordenen Kleider, die der Regen Minuten vorher völlig durchnäßt hatte. In Fatima erlitten die Menschen keinen Schaden, das Ereignis war eine Mahnung an die Menschheit, aber ähnlich wird sich die Sonnenkatastrophe ereignen: Man wird die Sonne beobachten, wie sie sich ausdehnt und vom Himmel stürzt, um alles zu blenden, um alles Wasser und Feuchte zu verdunsten und alles zu verbrennen.

Und was die Anzeichen vor der Katastrophe betrifft, die will ich an anderer Stelle erörtern. In seinem Buch »Die Vision der letzten Tage« nennt Hans Theodor Brik folgende Begebenheiten, die sich in den letzten Tagen der Menschheit ereignen werden. Ich fasse kurz zusammen: Es wird in Italien Revolution geben, und der Papst wird aus Rom fliehen müssen. Es wird Kriege geben in Europa, Katastrophen auf der ganzen Welt, Erdbeben und Orkane werden Nationen verschwinden lassen.

Nach vielen Kriegen und Wirrnissen wird ein großer Monarch auftreten. Er wird alle Völker Europas vereinigen und mit starker Hand, jedoch gerecht und gütig herrschen. In dieser glücklichen Zeit werden die Menschen wieder aufbauen, was zerstört worden war. Es wird auf der ganzen Erde Friede sein. Aber diese glückliche Zeit wird nicht sehr lange dauern, weil die Menschen mit dem wachsenden Wohlstand wieder Gott vergessen und in die alten Sünden verfallen werden. Sie werden dem Antichristen den Weg bereiten, der weltweit sein furchtbares Unwesen treiben wird. Der Antichrist wird ein anderes, ein unchristliches, ein falsches Evangelium verkünden, auf das viele Menschen hereinfallen werden. Der Antichrist wird politisch und religiös die Erde erobern und die Kirche drangsalieren, die Christen verfolgen und viele töten lassen. Mit einer furchtbaren Hungersnot kommt das Ende des Antichristen. Das Großreich der Erde wird zerfallen, Hunger, Seuchen, Terror, Satansanbetung, Erdbeben und Hoffnungslosigkeit werden die Erde beherrschen.

Es wird die Sonnenkatastrophe folgen. Ob Menschen auf der Schattenseite der Erde überleben werden? Und Gott wird wiederkommen, wie es in der Hl. Schrift in der Geheimen Offenbarung heißt (Offb 21, 1-5): »Dann sah ich einen neuen Himmel und eine neue Erde, denn der erste Himmel und die erste Erde sind vergangen, auch das Meer ist nicht mehr. Ich sah die heilige Stadt, das neue Jerusalem von Gott her aus dem Himmel herabkommen; sie war bereit wie eine Braut, die sich für ihren Mann geschmückt hat. Da hörte ich eine laute Stimme vom Thron her rufen: Sehet die Wohnung Gottes unter den Menschen! Er wird in ihrer Mitte wohnen, und sie werden sein Volk sein; und er, Gott, wird bei ihnen sein. Er wird alle Tränen von ihren Augen abwischen. Der Tod wird nicht mehr sein, keine Trauer, keine Klage, keine Mühsal. Denn was früher war, ist vergangen. Er, der auf dem Throne saß, sprach: Sehet, ich mache alles neu.«

Kann die Welt durch einen Atomkrieg untergehen?

Einen »Krieg« mit Atomwaffen gibt es nicht. Der Einsatz von Atomwaffen würde zur Vernichtung allen Lebens führen. Das wäre kein Krieg mehr. Die Vernichtungsschläge am Ende des Zweiten Weltkrieges haben der Menschheit eine kleine Vorahnung von dem Ausmaß einer atomaren Auseinandersetzung geboten.

Die relativ kleinen Atombomben, die die Amerikaner im Jahre 1945 auf die Städte Hiroshima und Nagasaki abgeworfen haben, geben Zeugnis von der Wirkung der Nuklearwaffen.

Wie es in Hiroshima war

Am 6. August 1945 um 8.15 Uhr haben die Amerikaner ohne vorherige Warnung über der japanischen Stadt Hiroshima eine Atombombe abgeworfen, drei Tage später über der Stadt Nagasaki.

Technische Daten der Bombe: 4950 kg schwer, 3,05 m lang, 1,53 m Durchmesser, 60 kg Uran.

Ziel war die Vernichtung der Städte.

Nach Schätzungen sind in Hiroshima 150 000 und in Nagasaki 100 000 Menschen sofort getötet worden. Hiroshima hatte damals ca. 360 000 Einwohner.

Während die stärksten Bomben, die im Zweiten Weltkrieg verwendet wurden, ca. 10 Tonnen Trinitrotoluol Sprengkraft hatten, hat die Atombombe von Hiroshima eine mehr als tausendfache Wirkung. Die Hiroshima-Bombe hatte die Sprengkraft von 13 500 Tonnen (ist gleich 13,5 Kilotonnen); in Nagasaki wurde eine 20 Kilotonnen-Bombe abgeworfen. Damit eine optimale Sprengkraft erreicht werden konnte, wurde die Bombe 600 Meter über der Erdoberfläche gezündet. Der Universitätsprofessor Dr. Engelbert Broda vom Institut für physikalische Chemie der Universität Wien sagte bei einem Vortrag wörtlich: »Tatsächlich wurden Gebäude aus Eisenbeton bis in eine Entfernung von einem Kilometer vom Mittelpunkt zerstört, solide Ziegelhäuser stürzten bis auf eineinhalb Kilometer Entfernung ein, Glas brach bis auf 13 Kilometer.« Es wird berichtet, daß Steine zum Schmelzen kamen, kein Wunder, wenn die Bombe eine Hitze von 3500 Grad entwickelte.

Menschen sind verdunstet und haben ihre schattenhaften Umrisse in einer dahinter stehenden Beton- oder Steinmauer eingeprägt, gleichsam als Schatten, ein Mahnmal des Schreckens. Im Umkreis von vier Kilometern entzündeten sich Holz und Papier von selbst und gingen in Flammen auf. Die Menschen brannten wie Fackeln. Mit dem Feuersturm, der sogenannten Hitzewelle, und der Druckwelle richteten die freiwerdenden todbringenden Strahlen furchtbare Schäden an: Vor allem die Gammastrahlen, die bei einer

Nuklearexplosion frei werden, zerstören die Gesundheit auch der Menschen, die sich weit weg (100 Kilometer) aufhalten. Anämie, Arbeitsunfähigkeit des Verdauungstraktes, die Abwehrkräfte im Körper bzw. deren Erzeugungsstätten wurden gelähmt, dadurch stirbt der Mensch schon bei kleinen Infektionskrankheiten.

Wer von der Hitzewelle, der Druckwelle und der Nuklearstrahlung nicht gleich getötet wurde, starb später: Krebs und Leukämie. Embryos im Mutterleib wurden mißgebildet. Verstümmelungen und Gehirn- und Nervenschädigungen waren Folgeerscheinungen der Gammastrahlung, die auf den Keimling einwirkten. Auch die Erbanlagen in den Eizellen und Samenzellen der Eltern wurden geschädigt. Wer in großer Entfernung nicht mehr von der Direktbestrahlung erfaßt wurde, den erfaßte später der radioaktive Niederschlag. Heute, nach 42 Jahren, kommen noch verkrüppelte und behinderte Kinder zur Welt. Die Erbmasse der Eltern war durch die Strahlen geschädigt worden. Roberto Talotta schreibt: »Mutationen an der Erbmasse führen noch Jahrtausende lang zur Entstehung entstellter Menschen.«* In Hiroshima war vor allem die Primärstrahlung intensiv, die direkt zum Zeitpunkt der Explosion auftrat. Die sogenannte Sekundärstrahlung, die von Wind und Wetter transportierten verstrahlten Staubteilchen, der radioaktive Niederschlag, war gering, weil die Explosion 600 Meter oberhalb des Bodens stattfand.

Am 16. Juli 1945 um 5.29 Uhr, also einige Wochen vor der Vernichtungskatastrophe in Hiroshima und Nagasaki, war die erste Atombombe der Welt explodiert. Der berühmte Wissenschaftler Dr. J. Robert Oppenheimer hatte mit 3000 weiteren Wissenschaftlern in Los Alamos das Experiment durchgeführt.

Ich hoffe, daß die zwei Vernichtungsschläge der Amerikaner, welche ein nicht mehr überbietbares Elend und in weiterer Folge lähmende Angst unter die Menschen gebracht haben, den Dritten Weltkrieg, besser gesagt, die totale Vernichtung allen Lebens auf dieser Erde, verhindern werden. Die Menschen kennen die Folgen. Es bleibt die Hoffnung. Die Gefahr bleibt groß! Ich denke auch an die Reaktorkatastrophe von Tschernobyl. Eine leise Vorahnung dessen, was vieltausendfach ärger den Überlebenden nach einer

---

* Roberto Talotta in »Wende« Nr. 43 vom 25.10.1981

Atombombenexplosion passieren würde. »147mal Fehlalarm in nur 18 Monaten: durch Computerschaden, einen Brand in Sibirien, Übermittlungsprobleme. 147 mal ist die Welt nur um Minuten an ihrem Untergang vorbeigegangen, im knappsten Fall um nicht einmal vier Minuten. Das Damoklesschwert der atomaren Selbstvernichtung hängt über der Erde.«*

Vernichtungswaffen sind stärker geworden.

Am 31. Oktober 1952 brachten die USA die erste Wasserstoffbombe versuchsweise zur Explosion. Die Insel Elugelab, Atoll Eniwetok im Pazifik, versank innerhalb von 10 Minuten im Meer. 20-30 Fischer kamen dabei um. Mit dieser Neuentwicklung von Edward Teller schienen die USA einen Vorsprung in den Vernichtungswaffen zu besitzen.

Kaum ein Jahr später, am 8. August 1953 brachten die Sowjets ihre erste Wasserstoffbombe in Russisch-Asien zur Explosion.

Rüstungswahnsinn der 80er Jahre

In der Linzer Kirchenzeitung waren am 28. November 1982 Auszüge aus der Rede des Kardinals Franz König abgedruckt:

»Eine der bedrohendsten Entwicklungen aber ist sicherlich die atomare Aufrüstung, für die täglich an die 100 Millionen Dollar ausgegeben werden.«**

Auf dem Plakat »Rüstung tötet auch ohne Krieg«, lese ich: »In der ganzen Welt werden pro Minute 1,9 Millionen Deutsche Mark für Rüstung und Militär ausgegeben. Auf jeden Erdenbewohner kommen 15 Tonnen Sprengstoff, wenn man die Zerstörungskapazität aller Waffen auf die Weltbevölkerung umrechnet.«

Und bezogen auf die Atomwaffen sagt Kardinal Dr. Franz König im Jahre 1982: »Es steht fest, daß das gesamte international ein-

---

* Wende Nr. 44 vom 1. November 1981

** Herbert Felbermayr, Gehet hin und bringt den Frieden, S. 14

satzbereite Atommaterial in normalen Sprengstoff umgerechnet so viel ergibt, daß für jeden Menschen auf der Welt 3000 Kilogramm Sprengstoff zur Verfügung stehen, um ihn zu töten.«*

Ob 15 000 Kilogramm oder 3000 pro Person spielt in diesem wahnsinnigen Treiben keine Rolle mehr. Für das Töten eines Menschen würden einige wenige Gramm Pulver hinter dem Geschoß einer Patrone ausreichen. Die Mächtigen haben die Kapazität zur Vernichtung dieser Welt in gigantischem Ausmaß überdimensioniert.

Wir Österreicher mischen da als neutraler Kleinstaat mit. Bei der Friedensausstellung im Jahre 1982 in Linz zeigte ein Plakat, daß wir zum siebtgrößten Rüstungsexporteur der westlichen Welt gehören und unseren Rüstungsexport von 0,15 Milliarden Schilling im Jahre 1972 auf ca. 10 Milliarden im Jahre 1980 gesteigert haben. Die Exportsteigerung innerhalb von 8 Jahren betrug demnach das 67fache. Offizielle Zahlen für 1987 konnte ich nicht in Erfahrung bringen.

Weltweit wurden für Waffen und Rüstung unvorstellbar hohe Geldbeträge ausgegeben. Dazu einige Zahlen aus dem Bericht von Michael Koch: Zur Verfügung stehen: »490 Atomunterseeboote, 1628 amerikanische und 2384 russische Abschußanlagen für Atomwaffen. Mehr als 7200 US-Atomsprengköpfe und über 6302 in der UdSSR, Tausende Kriegsschiffe, Zehntausende Panzer, Zehntausende Artilleriegeschütze.«** ...

Alle Staaten, die diese Vernichtungswaffen bereithalten, meinen, damit den Frieden zu sichern. USA, UdSSR, China, Großbritannien, Frankreich, Indien, Südafrika, Israel, (Lybien?), sind im Besitz der

* Herbert Felbermayr, Gehet hin und bringt den Frieden, S. 58

Atombombe. Iran, Irak, Brasilien, Lybien und Pakistan entwickeln sie oder haben sie schon.

»Es ist Zeit für uns, aufzurüsten, bis es keine Nation der Welt mehr wagt, uns anzugreifen. Damit erhalten wir der Welt den Frieden«,* sagte Präsident Ronald Reagan im Jahre 1981 und meinte damit 1500 Milliarden Dollar für Atomunterseeboote, strategische Bomber und Neutronenbomben.

Dazu ein Detail: 39 Unterseeboote vom Typ Poseidon der USA sind mit rund 4000 Atomsprengköpfen ausgestattet.

Was die Gefahr noch erhöht

Im Handbuch für Offiziere des sowjetischen Generalmajors S. N. Koslow vom Jahre 1971 lesen wir, daß »die sowjetische Taktik offensiven Charakter hat«.* »Offensiv« heißt angreifend. Man will dadurch die Vernichtung des Feindes in kurzer Zeit erreichen. Es ist vom »Überraschungsangriff«, vom »Präventivschlag« oder »Erstschlag« die Rede.

Der Dritte Weltkrieg

Bei einem Krieg in Mitteleuropa würde es angesichts der Konzentration der Waffen in dieser Region kein Überleben geben. In der Weizsäcker-Studie heißt es: »Der Einsatz nuklearer Waffen in der Absicht, die BRD zu verteidigen, würde zur nuklearen Selbstvernichtung führen.«**

Das Zweite Vatikanische Konzil hat festgestellt: »Jede Kriegshandlung, die auf die Vernichtung ganzer Städte oder weiter Gebiete und ihrer Bevölkerung abzielt, ist ein Verbrechen gegen Gott und gegen den Menschen, das fest und entschieden zu verwerfen ist.**

Ein Weltkrieg in Europa?

Die Frankfurter Rundschau schrieb am 29.4.1981: »Das Zentrum für Verteidigungsinformationen in Washington stellte fest: Ein auf

---

* Wende, Nr. 44 vom 1. Nov. 1981

** Herbert Felbermayr, Gehet hin und bringt den Frieden, S. 46

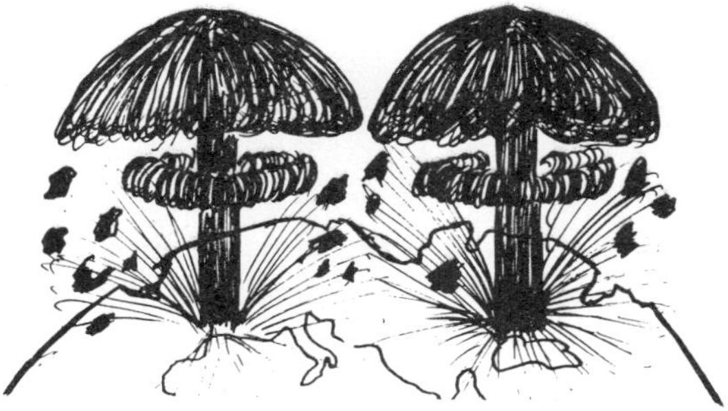

Europa begrenzter Atomkrieg („limited nuclear war") ist wahrscheinlich, da sich militärische nukleare Planung vor allem in den USA auf ihn vorbereitet.«

Und der USA-Verteidigungsminister Weinberger stellte Anfang 1981 fest: »Das Schlachtfeld des nächsten konventionellen Krieges wird Europa sein und nicht die Vereinigten Staaten.«

In der Frankfurter Rundschau vom 29.4.1981 heißt es weiter: »Nukleare Waffen jedoch werden in dem Augenblick eingesetzt, in dem eine Seite konventionell den Krieg zu verlieren beginnt.« (General La Roque, Präsident des Zentrums für Verteidigungsinformationen.)

Ronald Reagan sagte: »Ich kann mir einen auf Europa beschränkten Atomkrieg denken.«*

Igor Maslow, Tass-Korrespondent in Wien, sagte: »Was mich erschüttert, ist das hemmungslose Wettrüsten der USA; die amerikanischen Generäle sprechen ganz zynisch über einen begrenzten atomaren Krieg — das finde ich barbarisch und kannibalisch.«**

Interessant auch die Einschätzung des US-Kongresses aus dem Jahre 1978: »Ein massiver Angriff auf die USA bei bester Zivilschutzvorsorge würde 20 Millionen, ohne diese 100 bis 165 Millionen Tote ergeben.«** Für die UdSSR werden unter gleichen Voraussetzungen (wegen der geringen Bevölkerungsdichte) 23 bis 100 Millionen Tote prognostiziert.

Zum sogenannten »begrenzten Atomkrieg« sagte Kardinal Dr. Franz König**: »...daß taktische Kernwaffen bei militärischen Aktionen zum Einsatz kommen können. Abgesehen von der direkten Wirkung eines solchen Einsatzes, abgesehen von der dadurch ausgelösten Radioaktivität, ist zu bedenken, daß ein solcher Einsatz

* Die Zeit, 3.9.1982

** Herbert Felbermayr, Gehet hin und bringt den Frieden, S. 50

fast naturnotwendig sich ausweitet und aus einer begrenzten militärischen Aktion ein allgemeiner vernichtender Atomschlag würde.«

»Dies würde«, sagt der Kardinal weiter, »mit größter Wahrscheinlichkeit zur Vernichtung der gesamten Menschheit führen.«

»Zur Zeit sind mehr als 50 000 Atombomben einsatzbereit.«

»Es gibt keinen Atomkrieg, es gäbe nur eine allgemeine Vernichtung.« (Zitate von Kardinal Dr. Franz König, 1981)

Überlegungen zur medizinischen Versorgung

Zur Veranschaulichung:

Eine Megatonne Explosionsstoff entspricht einer Million Tonnen. Das heißt, daß eine »kleine Atombombe« mit 1 Megatonne Sprengkraft der Vernichtungsgewalt von 1 Million Tonnen herkömmlichen Sprengstoffes entspricht.

»Und Atombomben mit 15 Megatonnen Sprengstoff entsprechen der Brutalität von 1050mal jener Bombe wie sie 1945 Hiroshima in Japan vernichtet hat.«*

Der Westen hatte schon 1981 ca. 6000 Megatonnen, der Osten ca. 9000 Megatonnen Sprengkraft gelagert.

Nehmen wir als Beispiel eine Wahnsinnstat an, die nie geschehen möge: Eine Wasserstoffbombe mit »nur« einer Megatonne Sprengkraft wird über einer Stadt wie Hamburg gezündet. Die Folgen wären katastrophal: »900 000 Soforttote, Hunderttausende mit schwersten Verbrennungen und Folgewirkungen (Siechtum).“**

Die wenigen überlebenden Ärzte könnten die Hunderttausenden Verletzten nicht versorgen. Die nicht vernichteten Spitalsbetten könnten nur wenige aufnehmen, es würde an medizinischem Material fehlen. Die Ärzte sagen heute schon: Das medizinische Problem wäre unlösbar. Übrigens, die Toten in unermeßlicher Zahl könnten nicht bestattet werden. Dazu kommt die Nuklearstrahlung, die alles Leben tötet oder schädigt. Kardinal Dr. Franz König sagte im Jahre 1981 dazu: »Die Zahl der Toten würde alle bisherigen Vorstellungen übersteigen. Gleichzeitig würden alle Gebäude, alle Transportmittel und die gesamte gesellschaftliche Struktur

---

* Michael Koch, Die Wende, Nr. 44 vom 1. Nov. 1981

** Dorothea Standner, Wende

zerstört werden. Es gäbe weder eine medizinische noch eine dem Lebensunterhalt dienende Versorgung. Die Verbreitung radioaktiven Materials würde auf weiten Gebieten, auf ganzen Kontinenten nicht nur fast alle Lebewesen töten, sondern außerdem alle Arten von Krankheiten, besonders Krebs, bei den wenigen noch Lebenden verursachen. Es steht fest, ... daß für jeden Menschen auf der Welt 3000 Kilogramm Sprengstoff zur Verfügung stehen, um ihn zu töten.«*

Die Folge: Die Überlebenden werden die Toten beneiden. Trotz alledem: Die Rüstungsspirale dreht sich nach oben, immer mehr Wissenschaftler arbeiten daran, die gesamte Menschheit auszurotten. Immer mehr Geld und Bodenschätze werden verwendet, die Vernichtung allen Lebens durch Nuklearwaffen, Seuchen, Krebs und Elend vorzubereiten. Die Ausrottung des Lebens wird mit 50 bis 70facher »Sicherheit« und Exaktheit wissenschaftlich geplant. Ein Wahnsinn! Die 1988 einsetzenden Abrüstungsgespräche sind ein Hoffnungsschimmer, entschärfen aber die Lage keineswegs.

Allerdings weiß kein Mensch, ob nach der Explosion der ersten Atombombe noch eine zweite ihr Ziel erreichen könnte. Das auftretende enorme Magnetfeld würde vielleicht die Meßgeräte der Trägerraketen derart verwirren, daß der Kurs über 10 000 km nicht mehr eingehalten werden könnte.

Ein Holocaust unvorstellbaren Ausmaßes.

Politiker aber reden von einem begrenzten Atomkrieg.

* * *

---

* Gehet hin und bringt den Frieden, S. 59

Zerstörer am Werk

Etwas moderner, Herr Lehrer!

»Diese ihre Ansichten sind aber schon sehr veraltert«, meinte ein 15jähriger, nachdem ich aus Platons Politeia einige Sätze zitiert hatte, weil ich damit ein Problem besprechen wollte, das die Menschen immer schon beschäftigte. »Wenn Väter ihre Kinder gewähren lassen und sich vor ihnen geradezu fürchten; wenn Söhne ohne Erfahrung handeln wollen, wie die Väter sich nichts sagen lassen, um selbständig zu erscheinen; wenn Lehrer, statt ihre Schüler mit sicherer Hand auf den richtigen Weg zu führen, sich vor ihnen fürchten und staunen, daß ihre Schüler sie verachten; wenn sich die Unerfahrenen den älteren Erfahrenen gleichstellen, und in Wort und Tat gegen sie auftreten, die Alten sich aber unter die Jungen setzen und versuchen, sich ihnen gefällig zu machen, indem sie Ungehörigkeiten übersehen oder gar daran teilnehmen, damit sie nicht als vergreist oder autoritätsgierig erscheinen; wenn auf diese Weise verführte Jugend aufsässig wird, sofern man ihr auch nur den mindesten Zwang auferlegen will, weil niemand sie lehrte, die Gesetze zu achten, ohne die keine Gemeinschaft leben kann ... dann ist Vorsicht geboten: Dieser Weg droht in die Tyrannei zu führen.«* Jugendliche wollen moderne Lehrer!

Was aber ist modern? Diese Frage habe ich einer Klasse 15jähriger Schüler gestellt. Bevor ich das Moderne, das Neue Zeitalter etwas ausführlicher betrachte, möchte ich auf einige Zeitzeichen hinweisen. Juli 1987: Die Bildungsfahrt für alle Lehrer unserer Schule führte zum Stahlkonzern VOEST, Hütte Linz. Vor mir saß im Bus eine junge Kollegin, die am Kopf einen Stahlbügel trug, welcher die beiden Kunststoffmuscheln an die Ohren drückte. Von einem Kopfhörer führte ein dünnes Kabel zum Walkman, der neben dem Sitz stand. Die Kollegin nahm die Hörer auch dann nicht ab, als der Betriebsrat und der Führer die Einleitungsworte sprachen. — Eine moderne Kollegin?

---

* Platon (griech. Philosoph, 427 - 347 v. Chr.) aus »Politeia«.

Für uns Lehrer kein seltenes Bild am Wandertag: Durch die Gebirgslandschaft wandernd tragen manche Schüler ihren Walkman mit und hören ihre Popmusik-Lieblingsbänder. Sie hören nicht mehr die Vogelstimmen, das Murmeln des Baches, den Wind in den Bäumen, auch nicht die Frage des Mitwandernden. Gespräche sind nicht möglich. Gelte ich bei den Schülern als altmodisch, wenn ich am Wandertag solche Apparate verbiete?

Der junge Mensch wird unfähig, mit der Natur und den Mitmenschen offen zu kommunizieren, er ist in sich selbst gefangen. Was der Walkman sonst noch anrichtet: Nach einer Umfrage* haben gegenwärtig noch 29% der 14- bis 19jährigen Freude am Lesen von Büchern. Vor fünf Jahren waren es noch 34%. — Während das Buchlesen weniger wird, steigt das Interesse an Popmusik und Kopfhörern. Vor einigen Monaten entdeckte eine Lehrerin unserer Schule, daß die Jugendlichen in der Garderobe ihre Video-Cassetten tauschten. Einige Kollegen warnten mich, nach der Art und Herkunft der Cassetten zu forschen. Würde ich Maßnahmen setzen, hätte ich Schwierigkeiten mit den Eltern, außerdem würde ich in Kollegenkreisen als Spürhund betrachtet. Ich habe die Finger davon gelassen, aber im nachhinein schäme ich mich meiner Feigheit.

Untersuchungen über ***Horror-Videos in Kinderhand***

»In einer pfälzischen Stadt haben Lehrer ungefähr 1000 Schüler über ihre Videofilm-Gewohnheiten befragt — anonym, um ehrliche Antworten zu bekommen. Aus dem Ergebnis:

Die meisten konnten auf Anhieb die Titel von drei markanten Videofilmen nennen. Spitzenreiter ist der Film „Tanz der Teufel", der bundesweit verboten ist.

Die Zeitschrift „Die Welt" schreibt: Was handfest deutlich wird, übertrifft schlimmste Befürchtungen. Vor allem unter den 13-15jährigen grassiert der gemeinsame Konsum von Horror- und

* ethos, Nr. 6, 1987, S. 55

Pornofilmen teils wie eine Seuche.«* Die meisten der Befragten sehen in der Woche bis zu vier Videofilme. Einige kamen auf mehr als 20 pro Woche. Auf die Frage, woher die Kinder diese Filme eigentlich bekommen, nannten 61% das Videogeschäft, 28% Freunde und Bekannte. Erschütternd ist die Antwort auf die Frage, wer die Filme aussucht: Zu fast 36% die Eltern. Moderne Eltern? Zeiterscheinungen?

Nach den Sex- und Pornofilmen sind jetzt die Brutalo-Filme und Okkulte Filme bei den Jugendlichen »in«.

Auch das Brutalo-Spielzeug wurde ein Verkaufsschlager für die Jahre 1986/87.

Eine Markterhebung der Wiener Arbeiterkammer auf dem Spielwarensektor deckt folgendes auf:

»22 von insgesamt 24 untersuchten Läden boten ein überaus reichhaltiges Sortiment an brutalisierendem Spielzeug an ... Brutalspielzeug gibt es in reichhaltiger Auswahl. Zum klassischen Kriegsspielzeug vergangener Jahre treten heute richtiggehende Lernspielsachen für Verbrechen und Mord. So gewinnt bei einem dieser Kinderspiele derjenige, der am raffiniertesten und brutalsten ein Verbrechen organisiert; es gibt Bausätze für Handgranaten oder Schußwaffen, die bei einigem Geschick durchaus gebrauchstüchtig gemacht werden können.«**

Ich halte es für möglich und sogar wahrscheinlich, daß so vorgebildete junge Leute sich zu Banden zusammenschließen (siehe »New Bombers« oder »Ultra Fighters«) und aus reinem Zeitvertreib brutale Aktionen durchführen.

In einer Illustrierten lese ich: »... Gruppen von 13-17jährigen Jugendlichen, die Passanten in Basel provozieren und angreifen, andere Jugendliche von ihren Fahrrädern oder Mofas reißen und Tränengas versprühen.«*** Ich bin der Überzeugung, daß die Jugendlichen durch die Vorbilder in Brutalo-Filmen und das Brutalspielzeug verführt wurden und werden. Verführung ist deshalb so leicht möglich, weil die alten Werte und Lebensinhalte verlorengegangen sind.

---

* Topic, 7. Jg., Nr. 1 vom Januar 1987

** Zeitzeichen, 13. Jg., Nr. 6, Juni 1987

*** ethos, 4, 1987, S. 51

Wer sich den neuen Dingen zuwendet, meint, nicht altmodisch zu sein.

Der Illustrierten* entnehme ich, daß in England von 1985 bis 1986 die Zahl der brutalen Vergewaltigungen um 24% gestiegen ist. »In London stieg die Zahl der Verbrechen um 5%, und die Vergewaltigungen nahmen um 45% zu.«

Noch ein letztes Faktum zum *Thema Video und Fernsehen:*

»Jedes zehnte Kind sitzt noch nach 22 Uhr vor dem Bildschirm. Jedes fünfte Kind sieht am Abend allein fern. Viele Kinder sitzen oft 20 bis 25 Stunden in der Woche vor dem Bildschirm."**

Die Filmneuerscheinung *»Howard — ein tierischer Held«* (ab 14) zeigt neben der Kellerszene in einem Punk-Schuppen mit Triebtätern körperliche Gewaltanwendung, neben dem Feindbild Polizei und neben fünf Szenen aus einem Bordell noch einige besondere Beilagen, die den allerneuesten Themenbereich aus der Filmwelt anreißen: das Dämonische. Howard kämpft mit Neutronenwaffen gegen Dämonen und stellt sich als Erlöser dar, der durch seinen Tod die Welt erretten kann. Biblische Aussagen werden verdreht und zur antichristlichen Darstellung. Der Filmheld Howard als Donald Duck-Gestalt soll auf Plakatwänden harmlos erscheinen, wirkt aber gerade dadurch verführerisch.

Die nächste Welle, die von Videofilmen auf unsere Jugend losgelassen wird, handelt vom Dämonischen und der allgemein anerkannten Verspottung des Göttlichen, des Christlichen.

Der beliebte Sänger John Denver beschreibt das Ziel, das jetzt schon Millionen Menschen verfolgen und von Gurus dazu angeleitet werden: »Eines schönen Tages werde ich so vollkommen sein, daß ich kein menschliches Wesen mehr bin. Dann werde ich ein Gott sein.«***

Diese Aussage kommt mir bekannt vor. In der Hl. Schrift wird berichtet, wie Satan die Menschen mit einer List verführt: »...ihr werdet sein wie Gott...«, behauptet der Teufel. Der Mensch hat in seinem Stolz und seiner Überheblichkeit die größte Sünde begangen und Verderben über sein Geschlecht gebracht.

---

* ethos, 5, 1987, S. 43

** ethos, 3, 1987, S. 51

*** ethos, 7, 1987, S. 14

Die moderne Familie

Im Rahmen einer Gesprächsrunde mit 15jährigen tauchten folgende Meinungen auf: »Beim Sport und in der Disco sind kleine Kinder unmöglich, ich will meine Jugend genießen.« — »Eine berufstätige junge Frau kann kein Kind brauchen.« — »Babies kann man auf Urlaub nicht mitnehmen.« — »Wenn ich mein Leben genossen habe, schaffe ich mir vielleicht ein Kind an.« Der Wunsch auch der 20- bis 40jährigen Frauen, ein oder kein Kind in die Welt zu setzen, erscheint modern und plausibel, man will doch sein eigenes Leben »selbst verwirklichen«.

Dazu einige Zahlen

Im April 1986 hat der Landeshauptmann von Oberösterreich, Dr. Josef Ratzenböck, folgendes festgestellt: »Wurde nämlich im Schuljahr 1975 / 76 mit 185 000 Schülern von 6-15 Jahren ein Höchststand erreicht, sank diese Zahl um 36 000 auf derzeit 149 000 ständig ab. Der Rückgang geht aber, wie die Landesstatistiker prognostizieren, weiter: Trotz der geburtenstarken Jahrgänge, die jetzt ins gebärfähige Alter kommen, werden die Geburten bis zum Jahr 2000 um weitere 15 000 absinken, vom Jahre 2000 bis 2030 sogar um weitere 50 000 auf zirka 84 000.«*

In seinem Vortrag im Mai 1987 an die Lehrer des CLV im Bezirk Steyr-Land sagte der Leiter des statistischen Dienstes des Amtes der oberösterreichischen Landesregierung, Herr Hofrat Dr. Kutzenberger, unter anderem über die Bevölkerungsentwicklung:

»In Oberösterreich gab es im Jahre 1963 24 752 Geburten, 1985 15 998; nach sorgfältig errechneten Prognosen wird es im Jahre 2000 nur 12 000 und im Jahre 2030 nur 8000 Geburten geben.« — »Damit wir Oberösterreicher nicht weniger werden, müßten 1000 Frauen 2100 Kinder zu Welt bringen, also pro Frau im statistischen Durchschnitt 2,1 Kinder.

1963 waren es noch 2,82 Kinder je Frau, 1985 nurmehr 1,5 Kinder je Frau. In der Zukunft werden es wahrscheinlich 1,4 Kinder je Frau sein. Übrigens hatte die BRD bereits 1985 1,0 Kinder je Frau.«

---

* lt. Stat. Dienst des Amtes der O.Ö. Ldsreg.

Hofrat Dr. Kutzenberger sagte weiter für Oberösterreich: »Zurzeit rechnet man mit etwa 20% ungewollter Kinderlosigkeit und mit etwa 10% gewollter Kinderlosigkeit. Die restlichen 70% der Frauen tragen die Last des Fortbestandes unserer Generation. Die 2100 Kinder in unserem Beispiel müßten also von nur 700 Frauen zur Welt gebracht werden. Es müßte jede Frau drei Kinder haben, um den Fortbestand zu sichern. Da es wieder viele Frauen gibt, die aus medizinischen Gründen nicht mehr als ein Kind haben können, müßten 60% der Ehepaare vier Kinder haben. Die Vierkinderfamilie müßte neues Leitbild unserer Gesellschaft werden, wenn wir nicht weniger werden wollen.«*

Als Hintergründe für diese Entwicklung nannte der Statistiker: »Konsumgesellschaft, Egoismus, Freiheits-Denken, Emanzipation ... die nichtehelichen Gemeinschaften, Ehescheidungen und ledige Mütter mit Kindern nehmen zu, mit der Familie stimmt heute etwas nicht mehr.«* Wenn wir nicht wollen, daß wir aussterben, müssen wir jedes Mädchen, das ihr Kind nicht verhindert oder tötet, sondern zur Welt bringt, vergolden, müssen wir Familien mit mehr Kindern als Retter der Nation betrachten, müssen Gemeinden, Landesregierungen und die Bundesregierung eine kinderfreundliche Politik machen, muß jeder einzelne Österreicher jedes Kind als größtes Geschenk Gottes und als die Zukunft unseres Volkes betrachten, muß jeder einzelne Bürger an der christlichen Erziehung unserer Kinder teilnehmen.

Wenn sich die Prognosen der Statistiker erfüllen — und alles deutet darauf hin — haben wir mit schweren Folgen zu rechnen. Wenn wir Österreicher uns bezüglich Geburtenfreudigkeit ebenso verhalten, wie die Deutschen gegenwärtig, dann haben wir in 100 Jahren in Oberösterreich statt 1 400 000 nurmehr 150 000 Einwohner.

Wenn auch die Katastrophe noch fern liegt, so bedenke man doch die schon in den nächsten Jahren auftretenden Probleme: Wer soll die Pensionen bezahlen? Wer wird die alten Menschen betreuen? Wer soll die erzeugten Nahrungsmittel essen? Wer soll die Kinderwaren gebrauchen? Die Kindergärten und Schulen benützen? Rotten sich manche Völker selber aus, um Menschen aus anderen Nationen und anderen Erdteilen Platz zu machen?

* Vortrag von Hofrat Dr. Kutzenberger CLV, Bez. Steyr-Land

Dazu einige Fakten, die ich beobachtet oder gelesen habe.

Die Pille schadet den Frauen und Mädchen gesundheitlich. »Kopfschmerzen, Depressionen, Nervenschädigungen, Knoten in der Brust, Fettsucht sind übliche Begleiterscheinungen.«* Das British Medical Journal«** veröffentlichte ein Forschungsergebnis, demnach die Pille Leberkrebs verursachen kann. Britische Forscher konnten nachweisen, daß ein erhöhtes Risiko von Leberkrebs besteht bei Langzeiteinnahme (mehr als 8 Jahre) von schwangerschaftsverhütenden Pillen.

Auch die in die Gebärmutter der Frau eingesetzte *Spirale* schadet. Das »National Institute of Child Health and Human Development« in den USA hat erkannt, daß bei Verwendung der Spirale Beckenentzündungen mit Unfruchtbarkeit, Eileiterschwangerschaften und verstärkte Menstruationsblutungen auftreten können.

Abtreibung ist Tötung der Leibesfrucht. Wer sich genauer darüber informieren will, lese das »Handbuch der Abtreibung«. Dem vierseitigen Informationsblatt der »Europäischen Ärzteaktion«, Ulm, entnehme ich einige Zitate.

»Abtreibung durch Kaiserschnitt (Hysterotomie): Das Baby in diesem Bild — es wog etwa ein Kilogramm — sollte abgetrieben werden. Es wurde losgeschnitten, in einen Behälter geworfen und dem Tod ausgeliefert. Alle Babys dieses Alters — 24. Woche — bewegen sich, sie atmen, und manche schreien sogar.«

»Die Prostaglandin-Hormon-Methode: ... Das Kind wird, falls es die Belastung der Wehen übersteht, lebend geboren und dann dem Tode überlassen ... schlägt für einige Sekunden voller Verzweif-

---

* Anna Gruber, Gott gab mir heilende Hände, S. 41-42

** ethos, 1, 1987, S. 38

lung über das ihm widerfahrende Schicksal mit seinen Gliedern um sich, macht mit dem Mund vergebliche Atemversuche, ehe sein eben noch rosiger Körper leichenblaß wird, ein Zittern über ihn geht, sein Herz aufhört zu schlagen...«

»Abtreibung durch Curettage: ...Der Chirurg schneidet mit einem scharfen gebogenen Messer sodann den winzigen Körper in Stücke und schneidet und schabt die Plazenta von den Innenwänden der Gebärmutter...«

»Abtreibung durch Absaugen bis zur 10. Woche: ...Ein kräftiges Saugrohr wird eingeführt. Dieses reißt den Körper des heranwachsenden Babys und die Plazenta in Stücke. Das sogenannte „Produkt der Schwangerschaft" wird dabei in ein Gefäß gesaugt...«

Es müssen meiner Meinung nach dunkle Mächte und zerstörerische Kräfte am Werke sein, die die Menschen zu solchen Grausamkeiten verführen. Weltweit werden »40 bis 60 Millionen Abtreibungen jährlich vorgenommen, wie eine amerikanische Studie errechnet hat.«* 33 Millionen Abtreibungen erfolgen legal, zum Teil werden sie mit öffentlichen Geldern der Krankenkassen finanziert. Um gleich ein eventuelles Argument von einer Überbevölkerung der Erde zu entkräften, möchte ich hinzufügen, daß durch natürliche Geburtenregelung die Kinderzahl exakt bestimmt werden kann. Ich denke an die seit Jahrzehnten bewährte Methode der Zeitwahl und »in England hat die Firma Boots Celltech Diagnostic eine perfekte Methode zur Empfängnisverhütung entwickelt... Sie hat sich in Tests als hundertprozentig sicher erwiesen. Wie beim Zuckertest gibt es einen imprägnierten Teststreifen, der, wenn man ihn in Urin taucht, die empfängnisbereite Phase der Frau anzeigt.«**

Der mutige Abgeordnete Roland Rösler deckt in seinem Buch »*Rohstoff Mensch* — Embryohandel und Genmanipulation« auf, was mit den abgetriebenen Kindesteilen und den Plazenta-Resten geschieht. Ein weltweiter Markt betreibt mit den Abtreibungsresten, die »Sondermüll« genannt werden, ein überaus lukratives Geschäft. Rösler zitiert in seiner Dokumentation einen Klinikangestellten: »Wir sind bezahlt worden, anfangs pro Stück 150.—, dann

---

* ethos, 1, 1987, S. 31

** Chr. Kaufmann, Körperharmonie, S. 182

200.—, ich weiß nicht ganz genau, vielleicht zum Schluß, glaub ich sogar, 300.— DM pro Embryo.« *

Wer bezahlt so hohe Beträge? Die Kosmetikindustrie. Für Schönheitsprodukte, Wirkstoffkosmetika, Aktiv-Bräunungsgel, Büstencremes, Pasten gegen Krähenfüße werden die Babyteile durch den Mixer gedreht. Diese Zellbestandteile sollen die Haut glätten, von Falten beseitigen, vor Sonnenlicht schützen und eine rasche Bräunung erwirken. Weiter sollen die »Abtreibungsreste« in der Medizin verwendet werden: Zellkulturen, Frischzellentherapie, Serum-Therapie, Regenerationskuren gegen chronische Krankheiten, gegen Leistungsabfall und Vitalschwäche.

Das Abwegige, das Diabolische wird wissenschaftlich und geschäftlich verwertet. Welch furchtbare Sünde unserer Zeit! Übrigens hat ein deutsches Gesundheitsministerium gegen das Informationsblatt »Leben oder Tod« von der Europäischen Ärzteaktion einen Indizierungsantrag gestellt, mit dem Ziel, es als jugendgefährdend einzustufen. Welch eine Pervertierung der Werte! Ein Minister will die Kämpfer für die Erhaltung des Lebens zum Schweigen bringen, obwohl sich vor den Augen der ganzen Welt ein Holocaust abspielt von unvorstellbarem Ausmaß.

Empfängnisverhütung und Abtreibung werden von Gesetzgebern gerade noch nicht empfohlen, aber doch teilweise bezahlt (Krankenkasse), und auf alle Fälle leicht gemacht.

Trotz, besser gesagt, wegen dieser Erleichterungen, ist die Situation der Familie bedenklich.

»Ehebruch gilt als normal«, schreibt Klaus Gerth.** Sexuelle Freizügigkeit und Toleranz sowie ein »Seitensprung« sind »in«. Die Frauenbewegung führte zu mehr Rechten auch in diesem Bereich, und die Sexwelle der Siebzigerjahre brachte die Toleranz der Zuschauer und Behörden.

In der Zeitung las ich, daß in der Schweiz 1985 von 38 800 geschlossenen Ehen 11 417 geschieden wurden, fast jede dritte Ehe. 11 000 Kinder waren betroffen.

---

* R. Rösler, Rohstoff Mensch, S. 58

** Topic, 7/3 vom März 1987

In den USA wird jede zweite Ehe geschieden. Und eine amerikanische Glückwunschkarte wirbt mit dem Aufdruck: »Geschieden zu werden, kann sehr gesund sein! Beobachte, wie sich dadurch dein Kreislauf verbessert.«*

Ein Höhepunkt der Abwegigkeit: Dem Reichstag in Schweden wurde von einer Homosexuellen-Vereinigung ein Gesetzesentwurf eingereicht, demzufolge homosexuelle Paare dieselben Rechte bekommen sollten wie Eheleute. Was der hl. Paulus zur Homosexualität denkt, lese man nach in seinen Briefen an die Römer (Kap 1, 24 f): »...daß alle, die solches tun, den Tod verdienen; dennoch verüben sie es nicht nur selbst, sondern spenden noch denen Beifall, die so handeln.«

Als in den Medien über die Krankheit AIDS berichtet wurde, fragte mich ein 15jähriger, was man tun soll, um nicht angesteckt zu werden. Daraufhin bestellte ich beim Gesundheitsministerium die Aufklärungsbroschüre für jeden Schüler. Wir konnten die Empfehlungen der Ärzte und Gesundheitserzieher nachlesen. Die Begriffe »Sexualverkehr, Sexualpraktiken der Homosexuellen, lesbischer Sex, Analverkehr« und andere Abarten des Sex wurden mit wissenschaftlicher Genauigkeit erklärt. Am Schluß des Heftchens kommen die Autoren zu der Empfehlung: »Das sicherste Mittel gegen AIDS ist das Präservativ.«

Wütend über die billige Gummilösung stellte ich die Frage an meine Schüler: »Gibt es denn keinen noch besseren Schutz gegen AIDS?« Die Schüler dachten ernsthaft nach, und auch nach einigen Denkanstößen von mir fand niemand eine andere Lösung. Dann platzte ich heraus: »Die Enthaltsamkeit.« Darauf der Klassensprecher: »Aber Herr Fachlehrer, doch nicht so altmodisch!« Sex, Drogen und Rock hatten die Propheten des großen Glücks noch vor einigen Jahren verkündigt. Sie erklärten, Sex, Drogen und Rock würden ein erfülltes Leben bringen. Der außereheliche Sex und die Drogen haben sich wegen der AIDS-Ansteckungsgefahr (Infektion durch die Schleimhäute und die Injektionsnadeln) als Irrlichter falscher Propheten erwiesen.

Es bleibt zu hoffen, daß das Auftreten von AIDS ein Umdenken bewirkt, und daß Enthaltsamkeit, eheliche Treue und die Ableh-

---

* ethos, 12, 1986, S. 32

nung eines ausschweifenden Sexuallebens nicht mehr als ganz so altmodisch betrachtet werden.

Wir brauchen mehr Menschenwürde! Ich habe schon erwähnt, wie der hessische CDU-Abgeordnete Roland Rösler aufgedeckt hat, daß in ganz Europa ein schwunghafter Handel mit abgetriebenen Embryos betrieben wird. Verarbeitete Leichenteile der kleinen Kinder werden an Kosmetikfirmen, Pharmakonzerne und Frischzellen-Therapeuten um viel Geld verkauft.

Umkehr tut not!

Umweltzerstörung

Vor den Wahlen fragte mich ein jugendliches Mädchen, nachdem wir einige Umweltprobleme besprochen hatten: »Können uns die Grünen retten?«

Die Frage kann ich nicht mit »Ja« oder »Nein« beantworten. Feststeht, daß die Grünen wie in Deutschland auch in Österreich immer einflußreicher werden. Schon vor zehn Jahren habe ich einen jetzt in der Partei der Grünen fungierenden Spitzenpolitiker, von Beruf Diplomingenieur für Landwirtschaft, kennengelernt, und ich schätze ihn sehr. Zum Thema »Friedenserziehung« hat im Rahmen des Volksbildungswerkes eine Landespolitikerin einen bestens fundierten und engagierten Vortrag gehalten. Ich persönlich habe mit den Grünen beste Erfahrungen gemacht.

Aus Deutschland wissen wir aber, daß die Wurzeln der Grünen Bewegung auf Kommunisten und Neomarxisten, auf die Frauenbewegung, die Homosexuellen-Bewegung, die Friedensbewegung und auf Austritte aus den herkömmlichen Parteien zurückgehen.

»Die Grünen sind heute nicht mehr grün, sondern bunt mit deutlicher Verschiebung nach rot.«*

Ich stimme als Christ mit den Grünen überein, wenn sie für den Naturschutz, den umfassenden Tierschutz eintreten und für die gesamte Schöpfung Verantwortung tragen und die Durchsetzung betreiben. Aber: »Das ideologische Fundament der Grünen (in der BRD) ist eindeutig nichtchristlich.«**

---

* Die Grünen, Lothar Gassmann, Hänssler, S. 18

** Die Grünen, Lothar Gassmann, Hänssler, S. 79

Sie glauben größtenteils an die hinduistisch-buddhistische Lehre und an den marxistischen Grundgedanken, das Paradies auf Erden. Wir Christen hingegen wissen uns als Sünder, die Gott gegenüber verantwortlich sind. Wir wollen uns an die von Jesus bestätigten und gesetzten Gebote und Schöpfungsordnungen halten.

Unsere Verantwortung der gesamten Schöpfung gegenüber und unser Vertrauen auf den Schöpfergott, das Vertrauen auf den Vater aller Geschöpfe und der gesamten Natur, veranlaßt uns Christen, die Mitmenschen, Tiere, Pflanzen und den gesamten Lebensraum liebevoll zu behandeln und nicht zu zerstören.

Wenn die Grünen (BRD) der Selbstvergottung des Menschen frönen, in die Worthülse »Gott« die vielen selbsterschaffenen Götzen stecken, wenn sie die Zerstörung der Familie zulassen oder betreiben zugunsten von Wohnkollektiven, wenn sie gegen die Autoritäten des Staates, der Gesetze, der Kirche und der Bibel auftreten, wenn sie nicht für den Schutz des keimenden menschlichen Lebens eintreten, wenn sie die Ehe zerstören wollen, freie Sexualität verlangen, wenn sie schließlich das Privateigentum auflösen wollen, dann sind die Grünen für mich eine Gruppierung, die mit ihrer Schwärmerei mehr Unheil anrichten als Heil bringen kann.

Meine Meinung dazu: Die Grünen werden wohl die sogenannten alten Parteien beeinflussen, aber sie werden die anstehenden Probleme nicht zum Wohle aller lösen.

Die Zeitschrift »Natur« berichtet über den Ablauf einer Tagung der Grünen (BRD): »Da schrien, kicherten, hechelten in höchsten Orgasmus-Tönen die Tagungsteilnehmer in einem Rebirthing-Kurs; da wurden Mitteleuropäer/innen, die kaum das Wort Schamanismus buchstabieren können, auf Schamanenreise geschickt; da turnten New-Age-Ghostwriter ... in ihren Vorträgen auf den Stufenleitern des kosmischen Bewußtseins; da hielt unter dem Stichwort „Der ganzheitliche Mensch" die in vielen New-Age-Zentren erprobte Erleuchtungsspezialistin S. L.-D. eine Meditationssession ab, die in der Erkenntnis gipfelte, daß die Abtreibungsreform nicht im Sinne des Weltgeistes sei. Das Ergebnis der Tagung ist mit dem mythischen Göttervater Chaos besser beschrieben, als mit dem Schlagwort von der hochgeistigen Spiritualität.«*

---

* Natur, Ausgabe 3, 1987, Zitat in Topic, 5, 1987

Nicht Gruppen und Parteien sind hauptverantwortlich, sondern jeder einzelne muß sich für den umfassenden Schutz des Lebens einsetzen.

Die Erde

ist bedroht von Giftmüll, Klärschlamm, Schädlingsbekämpfungsmitteln und Luftverunreinigungen.

»Die Erde ist unsere Mutter«, sagen die Indianer, »was die Erde befällt, befällt auch die Söhne der Erde.«

»Unser Ende ist euer Untergang«, das ist die Botschaft der Hopi-Indianer an die Welt von heute.

Das Wasser

Als ich noch ein Knabe war, trafen wir uns zu Knabenspielen im Sulzbachtal. Der Sulzbach war ein Tierparadies: Forellen, Aiteln, die bis zu 1 kg schwer wurden, Ringelnattern, Bisamratten, Wildenten und Wasserhühner. In den sumpfigen Gebieten beobachteten wir die dunklen Moorfrösche, Gras- und Springfrösche und Molche.

Seit etwa 15 Jahren ist der Bach biologisch tot. Die Abwässer aus der Getränkefabrik, die ungeklärt in den Bach fließen, haben alles Leben vergiftet. Der Klärteich daneben stinkt, ist von einer dicken Faulschlammschicht bedeckt, und Methanblasen steigen auf. Im Herbst bildet sich eine etwa 5 Zentimeter dicke Wasserlinsenschicht. Das faulige Wasser hat alles Leben im Bach getötet. Steine und Hölzer sind mit einer gelbgrauen Algenschicht überzogen. Fachleute sagen, daß auch die Singvögelarten weniger geworden sind. Wie lange hält das Grundwasser diese Belastungen noch aus?

Unser Trinkwasser ist in Gefahr! Unserem Wasser geht es »dreckig«. Die regulierten, betonierten oder gar kanalisierten Bach- und Flußläufe bringen neue Schwierigkeiten: höhere Fließgeschwindigkeit, kleine Selbstreinigungskraft und Hochwassergefährdung. Verschwinden die Aulandschaften, Moore und Tümpel, dann versiegen auch die Grundwasserreservoire.

Die giftigen Schädlingsbekämpfungsmittel belasten die Grundwasser, und die Nitrate im Trinkwasser können im Magen krebsbildende Nitrosamine erzeugen.

Mülldeponien, die nicht streng kontrolliert werden, in denen giftige Substanzen lagern, gefährden ebenso unser Grundwasser.

Wie Luft und Wasser zusammenhängen, ersehen wir an einem simplen Beispiel: Der vermehrte Kohlendioxidgehalt der Luft führt zu einem Temperaturanstieg, der wieder zum Abschmelzen der ewigen Eisschichten (Arktis und Antarktis) führt. Da sich wärmeres Wasser ausdehnt, so prognostiziert der Leiter des Zentrums für Ozeane und Küstengebiete, Stjepan Keckes*, wird sich der Meeresspiegel bis zu 3,5 Metern erhöhen. Fruchtbares Land wird verschwinden, Inseln werden untergehen und Küstenstädte in arge Bedrängnis kommen.

Über das Waldsterben

wurde schon viel geschrieben. Vielleicht ein Satz von Dr. Erwin Führer**: »Die wichtigsten Belastungen des Waldes entstammen der industrialisierten Gesellschaft: Luftverunreinigung verschiedenen Ursprungs, (Winter-) Tourismus, Jagdwirtschaft, industrialisierte Forstwirtschaft.« — »Sie schädigen den Waldboden, die Gesundheit, Produktivität und Regenerationsfähigkeit der Waldvegetation und steigern ihre Anfälligkeit für natürliche Schadursachen. Sie zerstören die reinigenden Kräfte des Waldes für das Wasser und die Luft und seine Funktionen als Rohstofflieferant und Lawinenschutz.«

Über die *Auswirkung der Luftverschmutzung auf die Atmungsorgane* des Menschen schreibt Prof. R. Meister, Chefarzt der Klinik für Erkrankungen der Atmungsorgane und Allergien, in der Zeitschrift »Weltgesundheit«,*** daß die Atemwegserkrankungen und Waldschäden zusammenhängen: Gemeinsame Ursache ist die Luftverschmutzung. Erst stirbt der Wald, dann stirbt der Mensch! In der Geheimen Offenbarung, Kap. 8, 6-9 lese ich: »Dann machen sich die sieben Engel bereit, die sieben Posaunen zu blasen.

Der erste Engel blies seine Posaune. Da fiel Hagel und Feuer, die mit Blut vermischt waren, auf das Land. Es verbrannte ein Drittel des Landes, ein Drittel der Bäume und alles grüne Gras. Der zweite

---

* ethos, 4, 1987, S. 38
** kfb-Zeitung vom Okt. 1985: Mensch und Umwelt, Dr. E. Führer, Univ.-Prof., Wien
*** ethos, 1, 1987, S. 56

Engel blies seine Posaune. Da wurde etwas, das einem großen brennenden Berg glich, ins Meer geworfen. Ein Drittel des Meeres wurde zu Blut. Und ein Drittel der Geschöpfe, die im Meer leben, kam um, und ein Drittel der Schiffe wurde vernichtet.«

Oft hören wir vom

Ozon-Loch

in der Erdatmosphäre. Durch Treibgas (in den Spraydosen) und Kühlmitteln wird die Ozonschicht ruiniert. Die Folgen einer Ausweitung des Schadens wären: vermehrte krebserregende UV-Strahlen, Klimaveränderungen, Eisschmelze und Überschwemmungen, Ernteverluste.

Umkehr tut not!

Noch ein Blick auf

Tschernobyl:

Der größtmögliche Atomunfall, den sich selbst die Wissenschaftler kaum vorstellen konnten, ist in der Ukraine passiert.

Dazu ein Blick in die Bibel: »Dennoch verfluchten sie den Gott des Himmels wegen ihrer Schmerzen und ihrer Geschwüre; und sie ließen nicht ab von ihrem Treiben« (Offb 16, 11).

Zum Thema *Suchtgift*

Nach einem Bericht des US-Kongresses blühen der Drogenhandel und der Drogenkonsum in den USA. Die Kokain-Einfuhr »hat sich 1981 nahezu verdoppelt. Insgesamt wurden in den USA im Jahre 1985 Marihuana, Kokain und Heroin im Schwarzmarktwert von 50 Milliarden Dollar gehandelt.«*

Ein Bundesdeutscher konsumiert durchschnittlich »zwei Flaschen Bier oder fünf Schnäpse oder fünf Schoppen Wein« pro Tag. Für alkoholische Getränke und Tabak gibt ein Durchschnittsbürger pro Jahr 930 DM (=S 6500) aus.

Man schätzt in der BRD 1,5 Millionen Alkoholiker, 800 000 Medikamentenabhängige und ca. 50 000 Drogensüchtige«.**

---

* ethos, 5, 1987, S. 43

** ethos, 12, 1986, S. 32

Das Leben von 913 Rauschgiftabhängigen im Alter von 14-21 Jahren untersuchte der Neurologe Prof. Dr. Arbab-Zadeh. Er fand heraus: »Kinder rauchender und trinkender Eltern sind besonders anfällig für späteren Drogenkonsum«. Über die Raucher sagt er unter anderem: »Jeder Raucher ist ein potentieller Umweltverschmutzer.«**

* * *

---

* ethos, 12, 1986, S. 32

** ethos, 6, 1987, S. 16

Der »neue Zeitgeist«

Schule und »Positives Denken«

Ein unguter Vorfall: Ein 15jähriger hat einem 10jährigen Gewalt angetan. Angesichts der Verletzung und der Tränen meinte ein gutwilliger Kollege im Gespräch mit mir: »Du solltest das Negative, das vorkommt, übersehen, nicht darüber reden, nur Gutes und Positives denken. Ich beschäftige mich nur mit positivem Denken und Reden.«

Damit hat er sicher auch zum Teil recht. Wer im Üblen wühlt, wird selber übel. Aber das meinte ich nicht, als ich den Rohling zurechtwies, ihn anherrschte und bestrafte. Auch ich freue mich, wenn ich mich in den Bereichen des Wahren, Guten und Schönen bewegen kann. Nach längerem Gespräch mit dem Kollegen erfuhr ich, daß er sich mit den Psychotechniken des Positiven Denkens beschäftigt, wie sie die Amerikaner Dr. Joseph Murphy und N. V. Peale predigen. Diese Religionswissenschaftler haben seit Jahren eine Bejahungsbewegung losgetreten, die auf persönliche Erfolge abzielt. Von Dr. Murphy gibt es unter anderem eine Zusammenfassung seiner Erfolgsgesetze und Psychotechniken.

Leider aber sind die Welt und der Mensch auch dem Negativen und der Sünde verhaftet. Beim Positiven Denken handelt es sich zumeist um Wünsche und ersehnte positive Ereignisse, um einen persönlichen Lustgewinn. Wünscht man sich zum Beispiel ein neues Motorrad oder die Heilung von einer Migräneanfälligkeit, stellt man sich den Gegenstand oder den gewünschten Zustand genau vor. Immer wieder hegt man die bildhafte Vorstellung in allen Einzelheiten. Monatelang gibt man sich täglich den Wünschen hin und stellt sich vor, die Wünsche wären schon erfüllt. Das heißt in unserem Beispiel, der junge Mann sieht sich schon als Besitzer seiner Maschine oder die kranke Frau erlebt sich als völlig geheilt.

Wenn man sich die Wünsche lang genug bildhaft vorstellt, oft jahrelang, dann erfüllen sie sich. Ich selbst habe diese Zauberei schon erlebt. Man suggeriert sich, meditiert zu allen möglichen Gelegenheiten, verfällt vor dem Einschlafen in eine Art Trance, und wie ein Zauber erfüllt sich der Wunsch. Ich sagte bewußt

»Suggestion, Trance und Zauberei«, weil es sich bei diesen Psychotechniken um okkulte Erscheinungen handelt.

Der Leser wird sich fragen: »Was hat das Positive Denken mit dem Überirdischen zu tun?« Murphy und auch Peale zitieren in ihren Vorträgen und Büchern oft die Bibel, zum Beispiel: »Was immer ihr bitten werdet, werdet ihr empfangen.« Gott wird oft genannt und angerufen. Aber in der Worthülse »Gott« steckt nicht der persönliche Gott, der Gottvater, der Schöpfergott, sondern eine sogenannte kosmische Kraft, die uns durch die zauberhafte Erfüllung unserer Wünsche anziehen, verlocken und blenden will. Diese kosmischen Kräfte gehorchen dem Menschen, funktionieren wie ein Zauber. Wer das Positive Denken beherrscht, hat diese Kraft im Griff, kann damit reich, erfolgreich, gesund, angesehen und wohlhabend werden. Der Leser spürt, daß es sich hierbei um einen nichtbiblischen Gott handelt.

Unser Schöpfergott, der Vater alles Seins, läßt sich nicht durch Psychotechniken manipulieren, der göttliche Einsatz kann nicht durch Suggestion gesteigert werden, seine Kräfte sind nicht manipulierbar, Gott ist nicht beeinflußbar.

Es ist nicht sicher, daß meine persönlichen Wünsche, die von Werbung und Erfolgsstreben gelenkt werden, auch der Wille Gottes sind. Vielleicht brauche ich für mein Heil kein neues Motorrad und vielleicht bringen mich die zeitweiligen Kopfschmerzen Gott und meinem persönlichen Heil näher.

Wenn ich zu meinem Gottvater bete, dann lege ich meinen Willen in seine Hand in dem tiefen Vertrauen, daß mich mein himmlischer Vater liebt und mir Gutes tut, auch wenn er mich schlägt. Mein Tun und Trachten ist es, mich in die offene Hand meines Vaters hineinfallen zu lassen, mich geborgen zu fühlen und ihn zu lieben.

Die Blendung des Menschen durch die Erfüllung seiner Wünsche kann nur vom Affen Gottes stammen, dem Durcheinanderbringer, der von Gott ablenken will.

Zurück zum 15jährigen. Ich muß den Rohling bestrafen, aus Liebe muß ich meinen Sohn züchtigen, wenn er sich verfehlt. Ich muß das böse Ansinnen der bösen Mächte zu durchschauen trachten, damit mich niemand so leicht verführen kann. Solches Verhalten liegt allerdings nicht im Sinne des positiven Denkens, wohl aber im Sinne der Bibel.

Wer sich in seinem tiefsten Herzen seinem Gottvater anvertraut mit allen Freuden, Sorgen und Schmerzen, wird von Gott zum Guten umgeformt, sein Handeln wird gut und heilbringend werden. Wir werden noch darauf zurückkommen, welche kosmischen, magischen Kräfte mittels verschiedener Psychotechniken mobil gemacht werden können.

No Future — Keine Zukunft?

Manche Jugendliche meinen keine Zukunft zu haben, sie sehen die Ausweglosigkeit. Mit negativen Bemerkungen deuten sie an, wie die Fortschrittskonzepte der Parteien ins Wanken geraten und wie die Industriegesellschaft verantwortlich zeichnet für die drohenden Katastrophen und die mögliche totale Vernichtung. Sie sehen, wie mit der Steigerung der Produktion, des Verbrauches und des Wohlstandes Hand in Hand die Arbeitslosigkeit, die Auflösung der Familie, die Jugendrevolten und die Vereinsamung einhergehen. Ich gebe den jungen Leuten recht: Der Karren liegt im Dreck. Aber wir schaffen es, wenn wir uns nach Christus orientieren. Die Jugend kann diesen Satz nicht so ohne weiteres glauben, außer sie spüren und sehen, wie die Regierenden und die Erwachsenen allgemein ihr Leben nach den christlichen Grundsätzen ausrichten, wenn sie die Wahrheit leben. Nach dem Heilsplan Gottes leben, das ist positives Leben.

Zum Thema *Positives Denken* darf ich einen Auszug aus der Predigt des Wiener Weihbischofs Univ.-Prof. Dr. Kurt Krenn zitieren, die er in Oberösterreich anläßlich eines Bekenntnistages für die Ungeborenen hielt: »Ich glaube, es wird noch einer langen Treue (im Gebet) bedürfen, bis wir das, was wir als Ordnung Gottes begreifen, in unserem Land und vielleicht in ganz Europa und in der Welt durchsetzen können ... Es gibt nur einen Weg. Das ist der Weg der Erneuerung der Kirche ... Mit wieviel Halbherzigkeit ist man diesem Problem (Schutz der Ungeborenen, Anm. des Autors) bislang begegnet. Mit wieviel Halbherzigkeit wird heute so getan, als könnte man, sollte man, möchte man etwas verändern. Die Zeit der Halbherzigkeit muß vorbei sein; die Kirche muß mit einer Sprache sprechen. Es ist heute so: Für jeden Irrtum kann man doch heute in der Kirche einen promovierten Toren gewinnen. Für jede Disziplinlosigkeit läßt sich ein Provokateur finden ...

Erneuern wir die Kirche, gehen wir mit denen mit, die uns heute und morgen den Weg der Erneuerung der Kirche weisen. Ganz einfach, gehen wir mit dem Hl. Vater, gehen wir mit den Bischöfen, die dazu bereit sind. Erneuern wir uns, und erneuern wir uns selber durch die tagtägliche Bekehrung. Es ist ein Irrtum, zu glauben, daß man die Welt verändert, wenn man die Strukturen der Welt verändert. Die Welt verändern wir nur aus unserem Herzen heraus durch die tägliche unbedingte Bekehrung zu Gott und zum Guten. Ich möchte heute nur über das „Kind" sprechen, nicht allein über das ungeborene, sondern überhaupt über das Kind ... So müssen wir heute alle einmal bitten: Verführt das Kind nicht, in dessen Augen die Unschuld leuchtet. Beschmutzt das Kind nicht, belügt es nicht, zerbrecht nicht das Vertrauen der Kinder, tötet nicht seine Liebe zu Gott...

Heute gibt es in der Welt die Verschwörung der Geborenen, die Verschwörung der Mächtigen, die Verschwörung der Genießenden, die Verschwörung aller dieser gegen das Ungeborene und gegen das Kind. Wir müssen diesen Verschwörern zurufen: Gebt den Kindern das Leben! ... Der zweite Ruf: Verführt die Kinder nicht, verleitet sie nicht zum Bösen, zerbrecht nicht ihre Unschuld!

Ich glaube: In alledem, was heute das Ärgernis ist, was uns auch so empört; all das, was Verführung der Unschuldigen bedeuet, in all dem wirkt der Neid des Bösen, die Macht des Teufels, der schon die Menschen im Paradies um ihre Unschuld brachte. In der Pornographie, in der Schamlosigkeit, in der sexuellen Provokation, in den tausend Weisen der Zuchtlosigkeit, in der Anleitung zu Egoismus und Haß und in der Ausbreitung von Terror und Gewalt, in all dem, was heute gerade unsere Kinder und unsere Jugend bedroht, in all dem liegt das Werk des Mörders von Anfang an, des Vaters der Lüge, des Bösen.«

Sie wünschen sich eine »moderne« Schule

Von der Schule verlangen Eltern, Schüler und Studenten zuerst den aufopferungsbereiten Lehrer, die Lehrerin, den Abbau des Leistungsdruckes und die Gestaltung eines kreativen Unterrichtes. An der Stelle von Merktexten und Lehrbüchern sollten die Schüler selbstgewählte Interessengebiete frei erarbeiten. Durch eurythmische Tanzformen sollte das Kind Verbindung mit dem Kosmos erlangen und durch Sprache, Musik und Tanzbewegung einen Gleichklang mit kosmischen Kräften erspüren, ähnlich wie durch die vorchristlichen Mysterientänze Kontakte zu überirdischen Wirklichkeiten gesucht wurden.

Abgesehen davon, daß ein derartiges Bildungswesen nur von sehr begabten und lernbereiten Kindern ausgehalten wird, befinden wir uns weltanschaulich in einer unchristlichen Welt der Verführer und Verblender.

Der geistige Führer dieser Geisteshaltung, Rudolf Steiner, war Mitglied verschiedener geheimwissenschaftlicher Gesellschaften und gab sich selbst okkulten Lehren und Praktiken hin. Nach Steiners Weltanschauung gibt es keinen Vatergott, keinen Christus als Erlöser, sondern nach seiner Meinung sei der Kosmos selbst göttlich. Gut und Böse seien ineinander vermengt. Sünde im biblischen Sinne gebe es nicht. Wenn jemand sich verfehlt hat, dann könne der Kosmos ihm nicht vergeben, er müsse seine Schuld durch spätere Wiedergeburten selbst büßen. Das ist unchristlich.

In der Bibel heißt es im Brief an die Hebräer:

»Und wie es dem Menschen bestimmt ist, ein einziges Mal zu sterben, worauf dann das Gericht folgt, so wurde auch Christus ein einziges Mal geopfert, um die Sünden vieler hinwegzunehmen« (Hebr. 9, 27).

Gottvaters Barmherzigkeit und seine Gnade gehen um die Welt, und Jesus Christus hat uns durch seinen Kreuzestod erlöst, er, Christus, vergibt uns unsere Verfehlungen, wir sind nicht unserem eigenen, persönlichen Schicksal ausgeliefert. Nach Steiners Lehre ist Christus nicht Gott, sondern eine Verkörperung von Adam, Buddha und Zarathustra. Diese Anschauung entspricht der indischen Lehre von der Re-Inkarnation.

Wenn eine sogenannte moderne Schule das Kind als eine schon vielfach wiedergeborene Person betrachtet, bestehend aus einem körperlichen Leib, einem Lebensleib, einem Empfindungsleib und einem Ichleib, so entfernt sie sich von der christlichen Schule und lehnt sich an fernöstliche Lehren an.

In der Schule bahnt sich eine neue Wertorientierung an, und ich habe vor einem Jahr für die Mitglieder des christlichen Lehrervereines folgenden Aufsatz über eine neue Wertorientierung geschrieben:

Umzingelung der »alten Wertordnung«
Welche Werte orientieren mich als Lehrer?

Zweieinhalb Jahrzehnte bemühe ich mich, mit den Kindern »richtige« und »wertvolle« *Bildungsinhalte* zu erarbeiten. Dieses Ziel wird in der neuen Wertordnung in Frage gestellt, weil sich viele Bildungsinhalte in kürzester Zeit überholen und das wertvolle Produkt Bildungsinhalt unbrauchbar wird. Gegenwärtig fragt man sich, *wie* man zu *neuen Informationen kommt,* sie erforscht und sich aneignet. Lerntechniken sollen betont werden.

Das System Schule verlangt, sich in eine *hierarchisch aufgebaute Ordnung* einzufügen, Lehrer wie Schüler. Nun verspüre ich sehr deutlich die Tendenz einer Verbrüderung. Lehrer und Direktor sollten *»keine Rolle mehr spielen«,* sie sollten sich darstellen als Menschen ohne Zeigestock, ohne weißen Mantel. Selbständigkeit und Eigenverantwortlichkeit werden betont.

Noch sind Lerninhalte vom *Lehrplan vorgeschrieben,* die neue Orientierung plädiert für *flexible Strukturen,* für freie Wahl, freie Wege, freie Mittel.

Gegenwärtig müssen Kinder einer bestimmten Altersgruppe *nur bestimmte Bildungsinhalte* lernen. Die neue Pädagogik verlangt die *Integration der verschiedenen Altersgruppen,* verlangt die *Öffnung der Stoffgebiete* ohne Altersbegrenzungen.

Noch unterrichten wir die nach außen hin *sichtbaren und meßbaren Werte.* Der Ruf nach Betonung der *Vorstellungskraft* des Kindes, nach der Kreativität ist unüberhörbar. Die *tiefe Innerlichkeit* und die innere Erfahrung sollen gestärkt, *Gefühle* erforscht und gedeutet werden.

Ahnungen und individuelle Gedanken der Schüler werden im alten System mißbilligt, es wird verlangt, sie zu fördern.

Noch pflegen wir eine *analytische Arbeitsweise* in der Problembewältigung und ein *lineares Vorgehen* bei der Stoffvermittlung. Morgen schon werden wir in *Ganzheiten* denken und lernen.

Noch *etikettieren* wir die Schüler »fleißig«, »schlampig«, und Prophezeiungen der Lehrer erfüllen sich. Neuerdings wollen wir *keine Schülerbewertungen,* die ihrer Laufbahn anhaften.

Noch stellen die Lehrer *Normen auf,* um die Unterrichtsergebnisse zu qualifizieren. Es wird aber gerufen nach der *individuell* dem jeweiligen Kind *angepaßten Leistung.*

Die Bücherflut verführt die Lehrer, ein theoretisches, abstraktes *Bücherwissen* anzustreben. Die neu orientierte Pädagogik betont die Projektarbeiten, *das Erlebnis des Schülers,* das *Experiment* auch außerhalb des Klassenzimmers.

Weil die Lehrer *bürokratisch administrativ festgelegt* werden, sind wir weitgehend immun gegen Vorschläge der Gemeinschaft. Gegenwärtig wird aufgezeigt, wie die neuen Formen der Schulpartnerschaft die *Gemeinschaft fördern* und stützen könnten.

Noch sind die Lehrer bemüht, dem jungen Menschen ein *Minimum an Kenntnissen und Fähigkeiten* anzuerziehen. Schon betont man Inhalte und Techniken, die eine *lebenslange Entwicklung* vorbereiten.

Bildung kann *Einbahnstraße* sein, in der der Lehrer alleine Wissen ausgibt. Der Lehrer kann sich aber auch als ein ständig Lernender darstellen.

Wir arbeiten mit festgelegten *Normen.* Gefragt sind *Gehorsam* und richtige *Antworten.* Der neu orientierte Lehrer weckt die *natürliche Neugier* der Schüler und versucht die *Wissensgier zu vermehren* und allgemein zu *motivieren.* Die *Begeisterung* der Schüler für Bildungsinhalte sollte ein Leben lang anhalten.

Verlangte man bisher unbedingten Gehorsam, so betont man jetzt die *Selbstdisziplin* durch *Einsichtigmachen* von Notwendigkeiten des zwischenmenschlichen Zusammenlebens.

Die Umzingelung der Neuorientierung zeigt auch dies: *Audiovisuelle Ausrüstung* (Tonbänder, Computer...) sei förderlich für die Entwicklung des Kindes, hieß es. Die Erfahrung zeigt aber, daß die neuen Technologien und Lernmaschinen als zweitrangig zu reihen sind und die *Lehrer-Schüler-Beziehung* das Fundament jeglicher Bildungs- und Erziehungsarbeit bleibt.

Kann eine neue Wertorientierung auch ein neues Menschenbild fördern?

Neue Menschentypen zeigen sich dem Heranwachsenden als Identifikationsobjekte:

Der *Leistungsmensch,* der sehr fleißige Facharbeiter sucht gehobenen Lebensstil und Anerkennung. Er hält der Industrie und der Gewerkschaft die Treue.

Der *Aussteiger* lebt auf dem Bauernhof und sucht ein gesundes Leben in der Natur und Selbstentfaltung.

Der *Opportunist* mit grünem Mäntelchen, der genußsuchend und gesellschaftlich sehr aktiv ist und sich bei persönlicher finanzieller Absicherung und hoher Lebensqualität auch für Umweltschutz interessiert.

Der *Glückliche,* der zugunsten eines harmonischen Familienlebens im Einklang mit der göttlichen Ordnung auf seine Karriere verzichtet und für Pflichterfüllung und Menschenliebe lebt.

Der *Karrierist,* der mit brillantem, beeindruckendem Auftreten seinen Erfolg, die Karriere und ein Leben in Luxus liebt. Etwas korrupt im Wesen und mit hoher zynischer Intelligenz in allen Lebenslagen verwendet er viel Zeit für Urlaub, Vergnügen und Gesellschaft in elitären Kreisen.

Tischchenrücken

Gegen Ende des Schuljahres 1987 haben mich 15jährige ernsthaft gebeten, an einer Sitzung mit Tischchenrücken und Gläserschieben teilzunehmen. Auf meine Frage, was denn da geschehe, wurde mir eine Vielzahl von Einzelheiten berichtet, vom nagelfreien Tischchen bis zum Weinglas, das am Tisch wandernd die Zukunft voraussagen oder unbekannte Tatsachen erraten kann. Mich verblüffte die Festigkeit, mit der sie über den Geist als tatsächlich sich offenbarendes Wesen sprachen. Der Geist, erklärten sie mir, liebe es nicht, wenn jemand in der Runde nicht an ihn glaube oder gar die Sitzung störe.

Meine Schüler hielten mich für altmodisch, weil ich ihre Einladung ausschlug mit dem Hinweis aus der Bibel: »Wer solchen spiritistischen Sitzungen beiwohnt, ist dem Herrn ein Greuel.« Gott will diese Praktiken nicht. An Gott allein sollen wir glauben und uns nicht von dämonischen Lügengeistern an der Nase herumführen lassen.

Später erfuhr ich, daß Jugendliche, die vorher mit spiritistischen Praktiken noch nie zu tun hatten, von Schulkollegen mit einer bestimmten Jugendzeitschrift bekanntgemacht wurden. In dieser Jugendillustrierten wurde ganz genau beschrieben, wie man die Geister beschwört. Die jungen Leute probierten es nach den Rezepten aus; und was sie selber in großes Erstaunen versetzte: Der Geist kam, es funktionierte.

Das Disco-Fest

Mit einem Flugblatt, das in der Schule an jeden 15jährigen Schüler, an jede Schülerin verteilt wurde, hat ein großes Bankinstitut im Frühjahr 1987 für das »verrückteste Disco-Fest des Jahres«* geworben. Bei dieser »Ibiza-Party« mit »Super Discjockey Volkman« sowie dem »Starauftritt von Los Francescos, Illusionist, kostenlosem Bustransfer in die Stadt und freiem Eintritt« sowie dem möglichen Gewinn eines Philips-Stereorecorders warb die Bank um den Kauf von ermäßigten Karten für die »S-Box-Mitglieder«. Neben dem Flugblatt, in grellem Gelb mit Schwarz gehalten, warb täglich ein grelles großes Plakat an der Rückseite der Klasse für dieses Disco-Fest. Einige Tage später kamen Anrufe in die Direktion der Schule, auch vom Veranstalter, mit der Beschwerde, daß die Jugendlichen sich bei der Party danebenbenommen hätten. Angeblich »soffen manche wie Löcher und krakeelten.« Wurde die Institution Schule benützt zur Verführung der Jugend?

Disco-Fieber

Zuckende Leiber im Auf und Ab der Lichter.
Bizarre Gestalten wiegen sich im Takt.
Du möchtest sie greifen,
doch es bleibt dir nichts,
als nur Illusion.

---

* Flugblatt zum Madness-Disc - Kirchdorf vom 3.5.1987

Stampfen und Klatschen,
Rufen und Schreien.
Die Töne klingen grell in deinen Ohren.
Du suchst sie zu halten,
doch sie verfliegen,
und es bleibt dir nichts
als nur Illusion.

Wie Seifenblasen, die zerplatzen,
ist dir die Zeit geworden.
Du wolltest ein Stück Leben,
Erfrischung für deine Seele,
doch leer kehrst du zurück.

Kennst du den, der das Leben gibt,
erfrischendes Wasser für deine Seele?
Jesus Christus ist keine Seifenblase,
die zerplatzt.
Er bleibt dir,
wenn Illusion dich zu täuschen versucht.

*Dorli Reinthaler**

So verführt man die Jugend in der Schule

Seit April 1987 wissen wir Lehrer, daß das österreichische Bundesministerium eine breit angelegte Sexualaufklärung mit dem »Medienkoffer« für alle Schüler ab dem 10. Lebensjahr geplant hat. In der Schule sollten die Kinder und Jugendlichen über »Partnerschaft, Liebe und Verantwortung« unterrichtet werden. Unter dem Schein der Wissenschaftlichkeit und der sachlichen Information versuchte man von höchster Stelle aus, die Jugend zu verführen und auch mit abwegigen Verhaltensweisen vertraut zu machen. Und dies unter den Fahnen des Zielparagraphen der österreichischen Schule, für das Wahre, Gute und Schöne einzutreten.

---

* ethos, 9, 1986, S. 5

Wenn nicht der mutige Redakteur der Salzburger Nachrichten, Karl Heinz Ritschel, am 11. April 1987 die Öffentlichkeit über das Vorhaben des Ministeriums informiert hätte, worauf eine breite Diskussion von entsetzten Eltern, Lehrern und Erziehern eingesetzt hat, der Koffer stünde schon in jedem Lehrerzimmer.

Zur Veranschaulichung zitiere ich einige Stellen, die auch für 10jährige Kinder gedacht waren.

K. H. Ritschel kommentiert: »Um Sexualaufklärung praktisch durchzuführen, werden Spiele vorgeschlagen, die Berührungshemmungen abbauen sollen* ...«**

Es werden im Text des Medienkoffers Masturbationsgeräte zur Selbstbefriedigung der Frau erklärt und beschrieben.

Ein weiteres Zitat aus dem Originaltext des Koffers: »Es gibt einen aktiven oder passiven Homosexuellen. Die aktiven sollen mehr „weibliches" Verhalten zeigen, beispielsweise bei der Fellatio* ... die passiven ...

Man kann deshalb zwischen vier Arten des Geschlechtsverkehres unterscheiden:
Manueller Verkehr (lat. manus = Hand)* ...
Oralverkehr (lat. os = Mund)* ...
Genitalverkehr (lat, genitalis = Geschlechtsorgan)* ...
Analverkehr (lat. anus = After)* ...«

Ich betone: Das ist ein Zitat aus dem Medienkoffer, der an alle (Pflicht-) Schulen Österreichs geschickt werden sollte.

Ich habe lange gezögert, die Originaltexte in mein Buch aufzunehmen. Es schien mir schließlich doch wichtig, den Leser über die Verführungskünste höchster staatlicher Stellen zu informieren.

Zerstörer der Moral sind am Werk.

---

* Weitere Einzelheiten wurden aus ethischen Gründen weggelassen.
** Salzburger Nachrichten, Nr. 85, 43. Jg., v. 11.4.1987

»Was heißt Esoterik?«

fragte mich ein belesenes 15jähriges Mädchen. Es handelt sich um geheime Lehren, Wissenschaften, die heutzutage durch Bücher spezieller Verlage allen Menschen zugänglich gemacht werden. Einem Katalog über Bücher aus dem Bereich der Esoterik entnehme ich folgende Themenbereiche: Tarot, Kahuna-Magie, Kabbala, Hexenkult, Praktische Magie, Yoga, Meditation, Radiästhesie, Biorhythmik, Astrologie, Superlearning, Praxis spiritueller Selbstverwirklichung, geistige Heilkraft, Mentales Training, Chirologie, Heilkunst der Sufis, Mantras, Relax-Training ...

Diese Geheimlehren gehen ein auf die Wünsche der Menschen: Sie wollen mehr Innerlichkeit mit dem Ziel einer sofort erreichbaren heilen Welt. Vor allem junge Leute möchten vor der harten Realität flüchten und suchen neue Wege der Selbsterlösung hin zu einer Art Übermensch. Die Jugend will mehr wissen, befragt das Tischchen, die Geister oder die Karten.

Schon lange suchen die Menschen, und dieser Götzendienst ist uralt, ihr Heil in Horoskopen, Karten, Handlinien oder im Pendel. Ein Hufeisen am Kühlergitter soll vor Unfällen bewahren, das vierblättrige Kleeblatt, der Rauchfangkehrer und das Daumenhalten sollen Glück bringen. »So spricht der Herr: Wer Durst nach Glück hat, komme zu mir und trinke! Ich gebe dem Durstigen das Wasser des Lebens, quellfrisch und umsonst!«*

Aber die Menschen wenden sich den scheinbar harmlosen Praktiken zu, und jetzt, da sich junge Leute vom Okkult-Rock berieseln lassen (Black Sabbat, Iron Maiden) erleben wir, wie die Kraft der Dämonen wirksam wird.

Es zeigt sich auch, daß Gruppen, die sich mit freizügigem Sex und Pornographie sowie Hardrock befassen, sich auch okkulten Praktiken wie Geisterbefragen und Teufelsbeschwören hingeben.

Wenn bei Geisterbefragungen tatsächlich unerklärliche Dinge vorkommen, dann steckt Luzifer persönlich dahinter, der kleine Erfolge hervorzaubert, um den Menschen Vertrauen zu den okkulten Praktiken einzuflößen. Paulus warnt davor: »... aber was man dort opfert, opfert man nicht Gott, sondern den Dämonen. Ich will jedoch nicht, daß ihr euch mit Dämonen einlaßt« (1 Kor, 10, 20).

---

* Ruf ins Volk, Nr. 45 vom Evangelischen Diakonissenring

Im Psalm 121, 1-2 heißt es: »Ich hebe meine Augen auf zu den Bergen: Woher kommt mir Hilfe? Meine Hilfe kommt vom Herrn, der Himmel und Erde gemacht hat.«

Frage: Ist es wahr, daß ein

Zauberer

über das Fernsehen Löffel biegen kann, die daheim liegen?

Ja, Uri Geller kann Löffel verbiegen, ohne sie anzufassen, und auch Gedanken lesen, das ist bekannt. Der amerikanische Geheimdienst soll seine übernatürlichen Kräfte für militärische und friedenspolitische Angelegenheiten benützen und dafür höchste Honorare bezahlen.

Ich kann es nicht glauben, was manche Psychologen behaupten, daß Geller nur mit Willenskraft über den Fernsehschirm Löffel zu biegen vermag, ich meine, daß er sich übernatürlicher Kräfte bedient, zu denen er Zugang hat. Im biblischen Sinne: Zauberei.

Frage: Wie kann man das

Feuerlaufen erklären?

Versuche haben gezeigt, daß dabei keine übernatürlichen Kräfte im Spiel sein müssen. Einerseits brauchen die Feuerläufer eine gute Portion festen Willens, der übrigens in Amerika von sogenannten Lebensberatern geschult wird, andererseits machen sie sich ein physikalisches Phänomen zunutze. 40 000 Amerikaner üben diesen Psychotrip. Und es funktioniert bei ihnen ohne Brandblasen.

Die Vorbereitung dazu sind Marginalien, die das Vertrauen stärken und den eigenen Willen einstimmen. Zwei Wissenschaftler erklären das Phänomen am Beispiel des Kuchenbackens. Dabei sind sowohl die Kuchenform als auch die Luft im Backofen auf 180 Grad erhitzt. Wer die Form anfaßt, bekommt eine Brandblase. Wer nur in die heiße Luft greift, hat nichts zu befürchten. Denn Luft ist ein schlechter Wärmeleiter — Holzkohle auch.*

Trotz dieser physikalischen Erklärung würde ich nicht über glühende Kohlen laufen, sondern mir normale Bereiche zur Festigung meines Willens aussuchen.

Schülerfrage: Ich habe im Fernsehen einen Bericht über

---

* Betendes Gottesvolk, Nr. 150, 1987, S. 10

gesehen. Was halten Sie davon?

Es gibt auf dem Gebiet der Heiler viele Scharlatane und Betrüger. Ich habe diesen erwähnten Fernsehbericht nicht gesehen, aber aus der Literatur kenne ich Fälle, wo Geistheiler tatsächlich nach der Art der indianischen Schamanen und der Medizinmänner mit einfachsten Geräten beste Heilerfolge erzielen konnten.

»Der brasilianische spiritistische Heiler Ze Arigo empfing in Trance oft für 1000 Patienten am Tag die Diagnosen und die besten Heilmethoden. Aus einer Untersuchung wurde deutlich, daß seine Diagnosen korrekt waren. Auch operierte Arigo fehlerlos mit primitivsten Mitteln wie einem Messer oder einer Schere, während die Wunde sich danach schloß, ohne kaum eine Narbe zu hinterlassen.

Von den Philippinen erreichten uns in den letzten Jahren ähnliche Berichte, wonach Operationen nur mit der bloßen Hand durchgeführt werden sollen. Diese Laienchirurgen bekennen, daß sie dabei die Hilfe von Geistern empfangen.«*

Im Gegensatz zu den Menschen, den Wissenschaftlern, besitzen die Geister übernatürliches Wissen, übernatürliche Fähigkeiten, auch übernatürliche Heilungskräfte. Die Dämonen bewirken Heilungen der Menschen, um diese an sich zu binden und von Gott wegzulocken, in den Einflußbereich Luzifers. Darum ist der Spruch: »Wer heilt, hat recht«, nur auf das Diesseits bezogen, nicht auch auf ein Leben nach dem Tode.

Wenn durch die Kraft der Dämonen Heilung und Hilfe bewirkt wird, verfolgen sie eine kluge Taktik und erringen so das Vertrauen und die Zuneigung der Geheilten.

Wenn Gott heilt, und jede Hilfe kommt von Gott, der die Natur des Menschen stärkt, dann braucht Gott nicht den indirekten Weg über einen sogenannten »Geistbruder« (oder den »Meister Z«, wie manche Naturheiler ihren Helfer nennen).

Gott heilt auch nicht, indem er einen Menschen in Trance versetzt und zeitweilig den Willen des Heilers ausschaltet.

Gott heilt mit Ausblick auch auf die Ewigkeit, nicht nur mit dem kurzen Blick auf die Zeit. Die Ewigkeit ist mit einbezogen.

---

* Dr. W. C. van Dam, Okkultismus und christlicher Glaube, S. 41-42

Wenn ein Heiler die Selbsterlösung des Menschen verkündet oder die Wiedergeburt als ein anderes fleischliches Wesen oder das Einssein mit den kosmischen Kräften, oder die Mithilfe eines Meisters in Aussicht stellt, dann handelt er Christus entgegen.

Wird durch die Heilung die frohe Botschaft verkündet von einem gnädigen, liebenden Gott, der seinen Sohn Jesus Christus sterben und auferstehen ließ, »damit jeder, der an ihn glaubt, nicht verloren gehe, sondern das ewige Leben habe« (Joh. 3, 16), dann erlangt der gesundende Mensch das Heil.

»Jesus ist der Stein, der von euch Bauleuten verworfen wurde, der aber zum Eckstein geworden ist. Und in keinem anderen ist das Heil zu finden. Denn es ist uns Menschen kein anderer Name unter dem Himmel gegeben, durch den wir gerettet werden sollen.« (Apg. 4, 11.12).

Gibt es heutzutage noch Hexen?

Ja, es gibt neben den Magiern und Zauberern auch die Hexen. Sie formieren sich in Hexenzirkeln und beschwören auch heute noch ihre heidnischen Naturgötter.

Die englische Hexe Sybil Leek erklärt: »Hexerei ist Rückkehr zu einer Naturreligion.«*

Die deutsche Hexe Ulla von Bernus erklärte in einer Fernsehsendung vor drei Jahren (1984), daß sie auf telepathischem Wege einen Menschen töten könne. In derselben Sendung wurde von einer »Schwarzen Messe« in einem Schwabinger Keller und einem Hexensabbat bei einer Mannheimer Gastwirtin bei Vollmond und wilder Disco-Musik berichtet. »Der holländische Schriftsteller Godfried Bomans interviewte vor einiger Zeit im holländischen

* Dr. W. C. van Dam, Okkultismus und christlicher Glaube, S. 63

Fernsehen die Weiße Hexe Molly Ward. Sie sagte, sie arbeite mit Naturgeistern zusammen und übe mit Hilfe von Kräutern und Vibrationen gute Zaubereien aus. Außerdem könne sie wahrsagen und glaube — wie die meisten Hexen — an die Wiedergeburt.«*

Neben den weißen Hexen gibt es auch die schwarzen Hexen. Sie verschreiben sich dem Teufel, beschwören ihn während der Zeremonien, verwenden Weihrauch und Rauschmittel und senden ihre Gedanken zur Verfluchung von bestimmten Menschen aus.

In Italien sollen sich, Presseberichten zufolge, an die 100 000 Magier und Magierinnen gewerkschaftlich organisiert haben.

Der ORF widmete die Nachlese vom August 1987 dem Thema Hexenkunst und Hexenwahn.

Ich darf aus dem zehnseitigen Bericht zunächst die Überschriften und dann einige Aussagen von österreichischen Hexen zitieren:

»Die Hexe als Buhlin und Dienerin des Teufels« — »Hexenverfolgungen« — »Hexensabbat - verkehrte Welt« — »Also schlecht ist das Weib von Natur ...« — »Die heilkundige Frau als gefährliche Konkurrentin« — »Der Hexenhammer - die uralte Angst des Mannes vor der Frau« — »Denunziation im Namen der Kirche« — »Die peinliche Befragung« — »Eine schreckliche Bilanz« — »Hexen heute« —»Hexen in Wien«.

Margit Treutz ist Studentin in Wien und schreibt eine Diplom-Arbeit über den Wicca-Kult, das sind Vereinigungen von Leuten, die sich selbst als Hexen bezeichnen. Margit Treutz leitet einen Hexenkurs in der Volkshochschule in Wien und schreibt wörtlich:

»Wesentlich bei den modernen Hexen ist die Nähe zur Natur. Also, sie versuchen, sooft es möglich ist, zu den großen vier Sabbaten in die Natur hinauszugehen und dort durch Tänze, Gebete, Gesänge auch psychoaktive Kräfte freizumachen und dadurch nahe der Gottheit zu kommen und auch zum Beispiel kranken Mitgliedern oder auch anderen Menschen zu helfen. Also, sie machen sich magische Kräfte, diese neutrale Kraft der Magie, die überall vorherrscht, zunutze, um damit positive Ziele zu erreichen...«**

---

* a. a. O.

** ORF-Nachlese, August 1987, S. 9-10

Die Wiener Hexe Ela Hard hat ihre Erfahrungen mit der Schwarzen Magie in ihrem Buch zusammengefaßt: »Die magische Kunst des Tötens«. Auf die Frage, ob sie selbst an die Möglichkeit glaube, durch Magie den Tod eines anderen Menschen herbeiführen zu können, antwortete sie wörtlich: »Ja, das ist eine Tatsache, das ist ein Fakt. Das glaub' ich nicht, das weiß ich. Die simpelste Art ist die Sache mit den Wachspuppen: Eine Wachspuppe wird angefertigt, die das Opfer symbolisiert, und bei einem Tötungsritual wird diese Wachspuppe dann mit Nadeln durchbohrt, und da kann es sein, daß das Opfer, wenn es auch weit weg ist, in demselben Moment stirbt, aber einen ganz normalen Tod, einen Unfalltod.«*

Die Schriftstellerin Lotte Ingrisch beschäftigt sich ebenfalls mit Magie, Okkultismus und Hexerei: »... Wenn wir uns also von Aristoteles und der römisch-katholischen Kirche freimachen, sind wir natürlich alle Hexen. Hexe sein ist ein Zustand des Bewußtseins, in dem wir nicht immer sind, aber sein können, manchmal.«*

Elsa Oliva Urbach: »Ich würde mich ganz entschieden als Hexe bezeichnen. Ich finde, daß die Hexen dermaßen viel gekonnt haben, und zwar in der Heilpraktik, als auch was Künden anbelangt, Prophezeien.«

»Miriam Wiegele vertritt jene Bewegung der allgemeinen Hexenrenaissance, die sich zu einer positiven Weiblichkeit bekennt, mit dem Ausdruck „Hexe" einen sehr intensiven Naturbezug verbindet...«*

Gibt es einen Teufelskult?

In einer Familienzeitschrift lese ich im September 1986: »Spiritistische Sitzungen und Satanskult nehmen unter jungen Leuten zu. Berlin scheint eine besondere Geburtsstätte für die Gründung satanischer Orden zu sein. Beispiel: der Thelema-Orden des „Argentum Astrum", der durch die Zerstörung von Moralvorstellungen eine höhere Bewußtseinsstufe erreichen will. Dazu gehören okkulte Riten, abartige Sexualpraktiken, Tieropfer und Blutrituale. Ordensgründer Michael Eschner sieht sich als Wiedergeburt des 1947 verstorbenen englischen Magiers Aleister Crowley, der als geistiger Wegbereiter des Satanismus gilt.«**

---

* a. a. O.

** ethos, 9, 1986, S. 68

Man schätzt, daß es jetzt (1987) in den USA etwa 100 000 Satansanbeter gibt. 1967 ging es in den USA los, als Anton La Vey in San Franzisco die Satanskirche gründete. In der Nähe von Los Angeles gibt es eine ca. 1500 Satanisten umfassende Verschwörung unter der Leitung eines Hohen Priesters.

Was wollen die Satanisten?

Sie betrachten Luzifer, den Teufel als den Herrscher dieser Welt, und Christen und Christus verspotten und bekämpfen sie. Satanisten schließen einen Vertrag mit dem Teufel und unterschreiben mit dem eigenen Blut. Uneingeschränkter Sex und Drogen gehören zu ihren Ritualen. Sie tun, was ihnen gefällt: Blutvergießen, Tieropfer, Selbstverstümmelung, Menschenopfer, Mord, Kirchen- und Gräberschändung. In ihren Zeremonien verfluchen sie bestimmte Menschen.

In einer österreichischen Tageszeitung vom 3. Okt. 1984 lese ich: »Schwarze Messen mit Blutopfer gefeiert« — »Schüler gründeten eine geheime Teufelssekte« — »Los Angeles. — In dem idyllischen Santa Maria im amerikanischen Bundesstaat Kalifornien ist buchstäblich die Hölle los. Insgesamt 40 Oberschüler aus den besten Familien der Stadt sind als Mitglieder einer Satanssekte aufgeflogen. Ihre geheimen schwarzen Messen zelebrierten die 14 bis 17 Jahre alten Kinder mit Sex-Orgien und Blutopfer in ihrem sog. Teufelstempel.« — »Den Tempel hatten die Schüler mit Totenschädeln, schwarzem Samt und einem Altar dekoriert. In masochistischen Ritualen mußten die Sektenmitglieder sich Satanssymbole und ihre Namen mit dem Rasiermesser in die Haut gravieren. Die Mädchen gaben sich bei den schwarzen Messen den Burschen als Dienerinnen des Teufels hin. Neue Mitglieder mußten sich mit Sex auf dem Altar für die Sekte qualifizieren. Eine Schülerin, die sich dem Orgien-Ritual unter dem Druck der anderen unterzogen hatte, vertraute sich der Lehrerin an. Polizeichef Farrell: „In den Elternhäusern unseres 35 000 Einwohner-Ortes hat jetzt die große Teufelsaustreibung eingesetzt."«

Ein Flugzettel, verfaßt von der Verwaltung eines berühmten österreichischen Kurortes, kündigte die Übertragung der Klangwolke für die Gäste wie folgt an:

»Dämmerung im Kurpark — zart erheben sich die Klänge der „Nachtstücke" von Claude Debussy in den Himmel, doch die Idylle ist trügerisch. Mit Wucht und teuflischer List bricht der böse Zauberer Kaschtschei aus Igor Strawinskys „Feuervogel" in den Park.«

Nicht nur in der großen Musik, sondern auch in der Weltliteratur erleben wir das Wirken des Teufels unter den Menschen. Lesen wir in Goethes »Faust«, wie es Luzifer gelingt, den hochintelligenten Dr. Faustus zu verblenden und zu verführen!

Die Sekten kommen

Der selbsternannte Sektenführer Guru Bhagwan wurde vor einiger Zeit von den amerikanischen Behörden verhaftet. Hauptgrund: Steuerbetrug. Der »Erleuchtete« hatte sich an der Pazifikküste im US-Bundesstaat Oregon ein Imperium errichten lassen. Seine etwa 4500 Anhänger, die ihn betreuten, mußten täglich bis 10 Stunden für den Guru arbeiten. Der Führer der Bhagwan-Sekte hatte seit seiner Flucht aus Indien in die USA ein Vermögen angehäuft. Weltweit schufteten 500 000 Anhänger für ihren Führer, dem 93 Rolls-Royce zur Verfügung standen, und der gerne Sonnenbrillen mit Brillanten trug, ebenso Armbanduhren im Werte von einigen Millionen Dollar, alles Geschenke seiner Jünger. Bei seiner Verhaftung fehlten 55 Millionen Dollar in der Kassa. Im Juni 1987, zwei Jahre später, lese ich, daß Bhagwan wieder nach Indien zurückkehrte, und seine Jünger folgten ihm. Er behauptet jetzt, daß ihn der Begründer des Buddhismus, Gautama Buddha, jetzt, nach zweieinhalb Jahrtausenden, erwählt und mit seiner Energie verschmolzen habe. Er nennt sich selbst »Bhagwan Rajneesh, der Buddha Lord Maitreya« (der Erlöser) und sagt, »sein Leuchten breite sich aus und fülle das ganze Universum« (Materialdienst EWZ).

Sekte »Universelles Leben«

Aus Würzburg habe ich mir Prospektmaterial dieser Sekte schicken lassen, »Gemeinschaft zur Förderung des Heimholungswerkes Jesu Christi« nennt sich diese Splittergruppe des christlichen Glaubens. Im Jahre 1987 habe ich der Presse entnommen, daß die Sektenführung 18 Grundstücke in der Nähe von Würzburg und ein Krankenhaus gekauft hat. Führerin ist die selbsternannte

Prophetin Gabriele Wittek, sie empfängt von ihrem Geistlehrer Emanuel ihre Botschaften, die sie in Form von Broschüren auf vielen hundert Seiten aufschreibt und unter die Menschen bringt.

Das Gedankengut enthält indische Lehren von Karma und Wiedergeburt, sowie Spiritismus und Meditation. Ohne auf Einzelheiten einzugehen, kann man schon aus den Themen, mit denen sich die Broschüren befassen, ersehen, wie biblische Aussagen mit Irrtümern und falschen Lehren vermengt werden: »Die Hierarchie der Meister und das Golgotha-Opfer«. Unter »Meister« versteht man einen Geistlehrer aus dem Bereich der dunklen Mächte. »Erkenne und heile dich selbst durch die Kraft des Geistes.« Es wird der moderne Trend angesprochen, Selbstheilung und Selbsterlösung des Menschen durch geistige Heilweisen zu erreichen, eine spiritistische Praxis.

»Die Strahlungsfelder — Die Entstehung der Fallwelten und die Zukunft der Menschheit.«*

Von weiteren Bewegungen lesen wir häufig:

»Scientology Church« oder »AOSH EU & AF« unter der Führung von Ron Hubbards.

Mun-Sekte

New-Age-Bewegungen

Re-Inkarnation: Durch die Lehre der Wiedergeburt soll den Menschen die Angst vor dem Tod genommen werden, weil er oftmals die Chance haben soll, in weiteren Leben zu büßen. Diese Lehre führt weg von Christus, der gelehrt hat: »Es ist den Menschen gesetzt, einmal zu sterben, und danach das Gericht« (Hebr).

Transzendentale Meditation...

In dem Nachrichtenblatt »Topic« von Klaus Gerth lese ich immer wieder von der New-Age-Bewegung:

»New Age für Verlage«

»New-Age-Versandhaus«

»Neues Denken — Alte Geister auf Kanal New Age«

»Die Grünen veranstalten New-Age-Tagung«

»New-Age-Musik: fad, ermüdend, abstoßend«

»New-Age-Sekte „Universelles Leben“ weiter im Vormarsch.«

---

* Schriften-Bestelliste 1985 von »Universelles Leben«

Ein neues Zeitalter

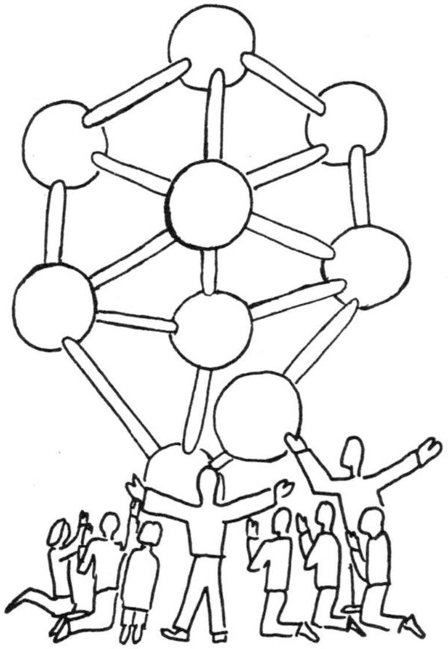

Ich habe erläutert, daß es unserer Erde dreckig geht. Die Erde wird vergiftet, die Luft verschmutzt, und das Trinkwasser verliert zunehmend an Qualität. Sterbende Wälder, das Loch im Himmel — wie man die Zerstörung der Ozonschicht bezeichnet — sterbende Gewässer.

Giganten des Wettrüstens, Raketen, Bedrohung durch Nuklearwaffen und die Möglichkeit, daß in jeder Minute unseres Daseins alles Leben dieser Erde zigmal zerstört werden könnte. Das Wissen um die mögliche totale Vernichtung schnürt manchem den Hals zu. Dazu kommen der Hunger in der Welt, Elend, Seuchen, AIDS und Naturkatastrophen. In allen möglichen, auch christlichen Zeitschriften liest man von einer aufkommenden Weltuntergangsstimmung; Angst und Ratlosigkeit, auch unter den Wissenden, machen sich breit.

Als ich im Rahmen des Gesundheitslehreunterrichtes über die Schutzmaßnahmen bei einer möglichen Atomreaktorkatastrophe sprach, sagte ein 15jähriger spontan: »Wenn es bei uns einen zerreißt, dann geb ich mir sowieso die Kugel.« Dieses No-Future-Denken treibt die Jugend zu Alkohol und Drogen, und die Erwachsenen brauchen Psychopharmaka. Auch die Ablenkungen durch ein Überangebot an Waren und der Konsumzwang sind ein Symptom für eine Flucht ins Dingliche und in den Genuß, eine Flucht vor der Ausweglosigkeit.

Da zeigt sich in Europa seit einigen Jahren eine Gegenbewegung, die aus den Vereinigten Staaten kommt und von der Weltuntergangsstimmung nichts wissen will: Die New-Age-Bewegung.

*Die New-Age-Bewegung**

Optimismus auf allen Gebieten breitet sich aus, und die Bewegung verspricht den Menschen der nächsten Jahrzehnte ein Goldenes Zeitalter. Probleme werden kleiner, weil brauchbare Lösungsvorschläge auftauchen, man sieht die Welt wieder in leuchtenden Farben, Unzukömmlichkeiten betrachtet man mit rosaroter Brille, alles scheint lösbar, alles läßt sich in Wonne und Sonnenschein lösen.

Ein Goldenes Zeitalter kann eingeleitet werden, sagen die New-Age-Denker, wenn wir dem neuen Geist zum Durchbruch verhelfen. Der neue Geist soll Mensch und Natur und Technik versöhnen. Ein tief und glücklich erlebtes Menschsein soll in Harmonie mit einer heilen Natur und dem technischen Fortschritt zu einer neuen Dimension erleuchten.

Eine Wendezeit

soll eingeleitet werden, die alle Bereiche des menschlichen Lebens und der Natur erfaßt. Gegen das neu aufkommende Licht erscheinen Leid und Tod verschwindend klein. Böses in der Welt gibt es nicht, nur das »Nicht-Erleuchtetsein« einzelner bringt Probleme.

Durch das berühmte Musical »Hair« wurde der Begriff der Wassermannzeit bekannt. Diese neue Zeit soll beginnen mit großen Idealen: Selbstbestimmung, Demokratieverständnis und vor allem soziale Gerechtigkeit.

Was haben »New Age« und »Wendezeit« und »Neue Zeit« mit dem Wassermannzeitalter zu tun?

Astrologen sagen, daß das Weltgeschehen in Weltenjahre und diese in Sonnenjahre eingeteilt werden. Ein Weltenjahr habe, so die Astrologen, 25940 Sonnenjahre, und ein Sonnenjahr 2160 Kalenderjahre. Und wie unser Kalenderjahr, so ist auch das Weltenjahr in Monate (=Sonnenjahre) zu gliedern mit den entsprechenden Tierkreiszeichen.

---

* Ausführungen in Anlehnung an die beiden Bestseller »Sanfte Verschwörung« von M. Ferguson und Wendezeit von F. Capra.

Im Gesundheitsmagazin für Lebensqualität* wird folgende Zusammenstellung veröffentlicht:

Zeitepoche	*Sternkreiszeichen*	*Gemeinschaft*	*Gottesbegriff*
8940-6680 v. Chr.	Krebszeit	Klan	Vatergott
6680-4520 v. Chr.	Zwillingszeit	Stamm	Großer Geist
4520-2360 v. Chr.	Stierzeit	Stadt	Göttergeneration
2360-200 v. Chr.	Widderzeit	Volk	Gesetzesreligion
200 v. - 1962 n. Chr.	Fischezeit	Reich, Kirchen	Gottesbote
ab 1962 n. Chr.	Wassermannzeit	Menschheit	Mensch im All

Wie weit diese astrologische Zeiteinteilung wissenschaftlich abgesichert ist, entzieht sich meiner Kenntnis. Nach dieser Aufstellung steht das Tierkreiszeichen des Fisches für das Christentum. Und in dem gegenwärtigen, noch ganz jungen Wassermannzeitalter, also in der Wendezeit, im New-Age, soll das Christentum abgelöst werden von einer weltumspannenden neuen Religion, die besser zum Wassermann paßt. Nicht mehr der Sohn Gottes, Jesus Christus, soll im Mittelpunkt stehen, sondern der Mensch im All.

Daß es sich bei der New-Age-Idee nicht um die Gedanken einzelner Personen handelt, zeigt sich in der Tatsache, daß einschlägige Strömungen sehr breit angelegt sind.

Auf dem Gebiet der *Esoterik* gibt es weltweit eine Unzahl Bücher, Schriften, Zeitschriften, Tonbänder, Platten, Bilder, Poster und Gruppen.

Allein am Wiener Büchermarkt wurden 1987 an die 18000 Werke über Esoterik gezählt.

Was heißt Esoterik?

»Esoterik« bedeutet soviel wie »innerlich«, »nach innen zu« und auch »geheim«. Die Esoterik war jahrhundertelang eine Geheimlehre für sogenannte »Eingeweihte«. Seit 1975 etwa beschränkt sie sich nicht mehr auf Auserwählte, sondern ist für alle Menschen zugänglich und umfaßt praktisch alle Lebensformen.

In Rundfunk und Fernsehen wurden und werden Themen des New Age gesendet. Im Radio Regional, Club 2, wurden Themen über okkulte Praktiken, Parapsychologie, Astrologie, Schamanismus und Hexenwahn ausgestrahlt. Es gibt viele Gruppen und Zen-

* Magazin für Gesundheit, Nr. 7/8, Juli-August 1987, S. 9

tren, die sich mit diesen Bereichen befassen, und das spirituelle Adreßbuch für deutschsprachige Kontakte umfaßt etwa 1000 Namen.

Wochenendseminare und Kurse befassen sich mit Biogenetik, Astrologie, Eurhythmie, Traumdeutung, Yoga und verschiedenen Psychotechniken. Ich will damit zeigen, daß die New-Age-Bewegung breit angelegt ist und alle Bereiche des Lebens durchdringt. Manche sprechen von einem »Gespenst«.

Wie hat sich die sanfte Verschwörung entwickelt?

1875 Gründung der Theosophischen Gesellschaft. Präsidentin war Helena Blavatsky. Dritte Präsidentin wurde Alice Bailey (1880-1949), die etwa zwei Dutzend Bücher schrieb mit genauen Anweisungen und Informationen, die sie von der Hierarchie der Meister empfangen hatte. A. Bailey schrieb über eine neue Weltordnung, eine neue Weltreligion, die neue Rohstoffverteilung, die Neuorganisation der Welternährung, die Abrüstung ... Diese Anweisungen von der Hierarchie der Meister sollten den Jüngern der New-Age-Bewegung dienen.

1922 Gründung der »Lucifer Publishing Company« zur raschen Verbreitung der Schriften und Bücher. Später wurde umbenannt auf »Lucis Publishing Company«.

1962 Gründung der Findhorn-Community in Schottland. Diese wird als der Vatikan der New-Age-Bewegung bezeichnet. Man lebt dort alternativ und studiert mit Eifer die Botschaften der Geister.

Sechziger Jahre: Die anhebende New-Age-Bewegung bekommt Auftrieb durch die Hippie-Bewegung mit ihrem ungezügelten Sex, dem Ablegen der christlichen Moral, dem Drogenkonsum und dem Studium der okkulten Lehren.

1970 stieß David Spangler zur Findhorn Community. Er hat nach eigenen Angaben »Christus-Energien« in sich und erklärt später »der gesamten Öffentlichkeit, das wahre Licht Findhorns sei das Licht Luzifers«.*

1975 Auftritt der New-Age-Szene in der Öffentlichkeit. Die Journalistin Marilyn Ferguson gründet die New-Age-Zeitschrift »Brainmind Bulletin«.

---

* Constance Cumbey, Die sanfte Verführung, S. 54

1980 Marilyn Fergusons Bestseller erscheint: »The Aquarian Conspiracy« (Die sanfte Verschwörung, 1982)

1983 Der Physiker Fritjof Capra veröffentlicht seinen Bestseller »Wendezeit-Bausteine für ein neues Weltbild«.

Was vor gut einem Jahrundert in den Vereinigten Staaten, in Kalifornien in Erscheinung trat bzw. begann, schwappt breit angelegt und alle Lebensbereiche erfassend auf Europa über. Die weltweite Entwicklung dieser Bewegung scheint unaufhaltsam voranzuschreiten.

Welche Ziele verfolgt die »sanfte Verschwörung«?

Manche nennen sie auch »Droge für den Geist« oder auch »das Gespenst«. Unter »Verschwörung« meint Marilyn Ferguson eine Veränderung auf wissenschaftlichen, politischen und sozialen Gebieten. Einzelpersonen, Zellen und Gruppen bilden ein weltumspannendes Netzwerk. Man will eine Wende herbeiführen: Gesellschaft, Wirtschaft und Wissenschaft sollen von innen her verändert, umgekrempelt und mit dem »höheren kosmischen Selbst« vereinigt werden.

Man will wissenschaftliche Erkenntnisse mit den Geheimlehren esoterischer Zirkel verschmelzen.

Man will die Umwelt mit all dem technischen Fortschritt, den Computern und den sanften Technologien mit dem Kosmos und dem Eins-Sein mit der All-Energie harmonisieren.

Daraus ergeben sich die Fernziele: Bewußtseinserweiterung auf höherer Stufe, Weltfrieden, Weltreligion, Weltregierung, eine Weltzentrale für Nahrung und Gesundheit, ein Welt-Steuersystem und ein Welt-Kreditkartensystem.

Die Tragweite dessen, was sich hier anbahnt, kann man noch kaum abschätzen.

New-Age überspannt viele Gegenwartsströmungen: magische Praktiken, Geisterbeschwörungen, Handlesen, Hellsehen, Telekinese u. a. m. Ein Hauptziel des New Age ist *spirituelle Harmonie.* Damit ist gemeint: Alle Organismen, Menschen, Tiere und Pflanzen sind integrierte Bestandteile des Universums. Sonnen- und Mondzyklus hängen zusammen mit dem Menschen. Es gibt uralte Empfehlungen, zu welchen Mondphasen Pflanzen zu setzen, Heilkräuter zu ernten oder Bäume zu fällen sind oder wie die

Sonnen-Nova die Gesundheit des Menschen beeinflußt oder der Vollmond den Schlafwandler. Die Erde besteht aus 80% Wasser und 20% Mineralien, ebenso der Körper des Menschen. Untersuchungen von Sternenteilen, Meteoriten, die auf die Erde gefallen sind, haben ergeben, daß die Sterne aus demselben Material, aus den gleichen Grundelementen gemacht sind wie die Menschen.

Harmonie und inneren Frieden erlebt der Mensch, wenn er sich in die Ganzheit des Universums eingliedert. Man strebt das »Holistische« an, denkt ganzheitlich, universal, global und integral. Nicht das Einseitige und Rechthaberische zählt, sondern der Dialog, das Gemeinsame.

Religion

Nach der Meinung der New-Age-Leute haben die althergebrachten Religionen Judentum, Christentum und Islam keine Zukunft. Man will manche Weisheiten im New-Age weiter bestehen lassen, aber es wird nur eine einzige spirituelle Religion geben, eine Religion ohne Glaubensbekenntnis, ohne Institutionen, ohne hierarchisch aufgebaute Vertretung, ohne Tempel und Kirchen, ohne Priester, ohne Vorschriften und Gebote, eine völlig freie Religion.

Eine neue Einheitsreligion soll nur von der religiösen Erfahrung getragen werden. Nur das Gotteserlebnis, so sagen sie, die Erleuchtung des einzelnen Menschen bringe die Bindung zu Gott. Einzige religiöse Übung ist die Meditation. Was der Einheitsreligion dient, wird aufgenommen: Techniken aus dem fernen Osten, mystische Überlieferungen, Praktiken der Schamanen oder anderer Naturvölker. Manches, zum Beispiel »Christus-Geist« oder Allversöhnung werden von den alten Religionen übernommen. Durchleuchtet man die Darstellungen der Exponenten der New-Age-Bewegung, so zeigen sich vier Schwerpunkte für die neue Weltreligion:

1. Materie, Leben und Geist sind eins.
   Alles ist eins. Materie, Leben und Geist sind nur verschiedene Erscheinungsweisen der kosmischen Kraft. Nach dieser Lehre wäre auch die Welt gleich Gott.

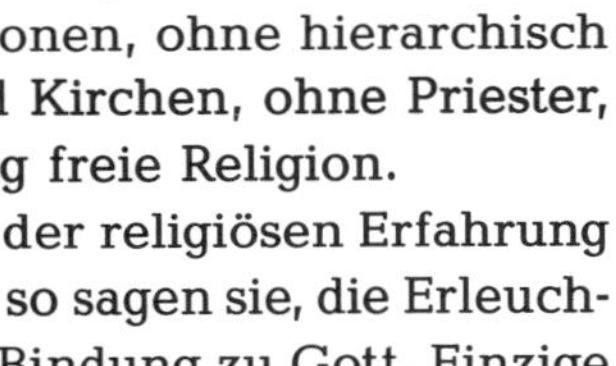

2. Gott ist überall. Er ist keine Person.
   Gott ist eine kosmische Kraft, eine unpersönliche Energie.

Göttlich ist alles, die Natur, der Stein, der Baum, das Tier, der Mensch. Diese Lehre ist unbiblisch. In der Hl. Schrift ist festgelegt: »Gott schuf alles nach seiner Art« (Gen). Nach der neuen Lehre gibt es aber keinen Schöpfer, kein persönliches »Du«.

Bei F. Capra* lese ich: »Gott ist der Geist des Universums«, er »ist die Evolution« oder die »Selbstorganisation der Materie«.

M. Ferguson schreibt**: »Gott ist das Bewußtsein«, »das Spiel des Universums«, »das, was die Materie belebt«.

3. Sünde gibt es in der modernen Weltreligion nicht mehr, höchstens ein Fehlverhalten von einigen »Nicht-Erleuchteten«, einen Mangel an Selbsterlösung. Das Böse gibt es nicht, nur Störungen der Harmonie. Der Mensch erlöst sich selbst, ist selbst göttlich, wird Gott selbst. Genau diese Selbsterhebung wird im 1. Buch des Mose berichtet: »Gott weiß viel mehr: Sobald ihr davon eßt, gehen euch die Augen auf; ihr werdet wie Gott und erkennt Gut und Böse« (Gen 3, 5).
4. New-Age-Denker sagen: Christus ist nicht Sohn Gottes, sondern einer der Erleuchteten wie Buddha oder Mohammed. Christi Weisheiten gelten so viel wie die Weisheiten hinduistischer Gurus oder indianischer Schamanen.

   In der neuen Lehre werden die Bergpredigt Christi, seine Feindesliebe, die Kritik an den Gesetzen der Pharisäer, seine Liebe zu den Mühseligen und Beladenen, sein Leiden und sein Tod und seine Auferstehung, alles Geschichtliche an der Person Jesu wird über Bord geworfen. Die Weltreligion des New-Age braucht keinen festgelegten Glauben. Man sucht nur die religiöse Erfahrung, das Erlebnis des Lichtes Gottes, das Spüren des Energieflusses vom Kosmos, die Erleuchtung. Durch diese Erfahrung wird der Mensch selbst zum Christus, zum Guru, zum Schamanen.

Unser christlicher Glaube ist ein anderer:

Wir Christen bezeichnen uns nicht als Götter. Gott ist unser ewiges »Du«. Jesus Christus ist Gottes Sohn. Nicht alle Religionen sind eins.

---

* F. Capra, Wendezeit

** M. Ferguson, Die sanfte Verschwörung

Dazu einige Bibelstellen:

»Niemand hat Gott je gesehen. Der Einzige, der Gott ist und am Herzen des Vaters ruht, er hat Kunde gebracht« (Joh 1, 18).

»Jesus sagte zu ihm: Ich bin der Weg und die Wahrheit und das Leben; niemand kommt zum Vater außer durch mich« (Joh 14, 6).

»Jesus erwiderte ihr: Ich bin die Auferstehung und das Leben. Wer an mich glaubt, wird leben, auch wenn er stirbt, und jeder, der lebt und an mich glaubt, wird auf ewig nicht sterben« (Joh 11, 25-26).

»Und in keinem anderen ist das Heil zu finden. Denn es ist uns Menschen kein anderer Name unter dem Himmel gegeben, durch den wir gerettet werden sollen« (Apg 4,12).

Wesenliche biblische Wahrheiten werden von den New-Age-Leuten unter den Teppich gekehrt.

Transformation des Bewußtseins

Das Rezept der modernen Strömung heißt: Wandle deine innere Haltung, und alle Probleme der Technik und der Politik lösen sich von selbst, alle Menschen verhalten sich dann geschwisterlich.

Der Begriff »Transformation« stammt aus der Physik und bedeutet hier »Umwandeln des Denkens der Menschen«. Weil nach der Lehre des New-Age die Menschen diese Umwandlung zur Göttlichkeit erst erwerben müssen, erwecken und mobilisieren sie die göttliche Kraft aus dem Kosmos durch Meditation, Yoga, okkulte Praktiken und Drogen, diese allerdings mit Einschränkungen.

Die Bewußtseinsevolution wird bewirkt durch die Tiefenpsychologie, gemeinsam mit spirituellem Verständnis und moderner Physik. Erlösung von den Übeln dieser Zeit und dieser Welt soll demnach geschehen durch Bewußtseinserweiterung und Bewußtseinsveränderung. Nach der christlichen Lehre geschieht die Veränderung zum Guten durch Umkehr und Buße. Die Hl. Schrift spricht von einer Umkehr der Menschen zu Gott und von Buße, und den Wandel leitet der Heilige Geist. Das ist eine ganz andere Lehre als die der modernen Strömungen. Der hl. Paulus schreibt in einem Brief an die Römer und ermahnt: »Gleicht euch nicht dieser Welt an, sondern wandelt euch und erneuert euer Denken, damit ihr prüfen und erkennen könnt, was der Wille Gottes ist: was ihm gefällt, was gut und vollkommen ist« (Röm 12, 2). In einem Brief an die Epheser ermahnt Paulus die Menschen zu einem neuen Leben in Christus: »Ich sage es euch und beschwöre euch im Herrn: Lebt nicht mehr wie die Heiden in ihrem nichtigen Denken! Ihr Sinn ist verfinstert. Sie sind dem Leben, das Gott schenkt, entfremdet durch die Unwissenheit, in der sie befangen sind, und durch die Verhärtung ihres Herzens.« (Eph 4, 17-18).

»Legt den alten Menschen ab, der in Verblendung und in Begierde zugrunde geht, ändert euer früheres Leben, und erneuert euren Geist und Sinn! Zieht den neuen Menschen an, der nach dem Bilde Gottes geschaffen ist in wahrer Gerechtigkeit und Heiligkeit« (Eph 4, 23-24). »Seid gütig zueinander, seid barmherzig, vergebt einander, weil auch Gott euch durch Christus vergeben hat« (Eph 4, 32).

»Ahmt Gott nach als seine geliebten Kinder, und liebt einander, weil auch Christus uns geliebt und sich für uns hingegeben hat als Gabe und als Opfer, das Gott gefällt« (Eph. 5, 2).

Soweit die Ermahnungen des hl. Paulus.

Paradigmawechsel

Unter Paradigma versteht die moderne Strömung einen Gedankenrahmen, und man meint mit dem Wechsel eine Veränderung des Denkens vom Grunde auf. Eine radikale Veränderung bahnt sich an und wird gefordert in allen Bereichen des Lebens.

In der *Politik* zählten bisher die Parteiprogramme, neu ist die »Betonung neuer Perspektiven«*. Gegenwärtig verordnen staatliche Autoritäten Wohltaten und Dienstleistungen wie Pflichtschule, Pflichtkrankenkasse, Pflichtversicherung, neu ist, daß eine »Führung inspiriert« und »Selbsthilfe verstärkt.«*

Gegenwärtig liegt die Regierungsmacht bei den Zentralstellen, die mittels der Gesetze Befehle erlassen oder verordnen, ein gewisser Dirigismus regiert; nach den neuen Lehren sollen »Dezentralisierung der Regierung und horizontale Verteilung der Macht«** betont werden. Gegenwärtig orientieren sich die Mächtigen nach dem Parteiprogramm oder nach auftretenden Problemen; New-Age-Leute wollen ihr Denken nach dem Paradigma ausrichten. Bisher hat die Regierung hauptsächlich für Ordnung und Gerechtig-

---

* M. Ferguson, Die sanfte Verschwörung, S. 245

** M. Ferguson, Die sanfte Verschwörung, S. 246

keit gesorgt, in Zukunft soll »die Regierung Wachstum, Kreativität, Zusammenarbeit ... fördern.«*

Bisher waren festgefahrene Behörden, Programme und Abteilungen wichtig, neuerdings sollen »Experimente gefördert werden, ... Flexibilität, Ad-Hoc-Komitees ...«*

Gesundheit

Hat man bisher die Leistungsfähigkeit des Menschen in den Vordergrund gestellt, so will man morgen hauptsächlich »menschliche Werte« betonen.** Krankheiten und Schmerzen haben zurzeit negative Vorzeichen, in der neuen Denkweise »stellen Schmerz und Krankheit Informationen über Konflikte und Disharmonien« dar. Heilt man heute mit Medikamenten und chirurgischen Eingriffen, so verkündet das neue Denken »gemäßigte Techniken (Psychotherapie, Diät, Leibesübungen).«

Wirtschaft

Gegenwärtig betreibt man Werbung und Konsum um jeden Preis; neu ist das Bestreben, den echt menschlichen Bedürfnissen zu entsprechen. Früher suchte man für eine Maschine oder eine bestimmte Arbeit die passenden Menschen, in der neuen Denkweise bemüht man sich, dem Menschen die für ihn passende Arbeit zu vermitteln. Wurden wichtige Entscheidungen aus den Chefetagen der Belegschaft einer Firma aufgezwungen, so will man in Zukunft »Förderung der Autonomie, Selbstverwirklichung«.***

Noch gilt der Satz »Geschäft ist Geschäft«, der Konkurrenzkampf dominiert. In Zukunft werden »menschliche Werte wichtiger als Gewinne«.

Bis jetzt trennte man Arbeit und Spiel. In Zukunft wünscht man sich die »Vermischung von Arbeit und Spiel. Arbeit, die sich selbst belohnt«.**** War der Mensch bisher Ausbeuter der Natur, so soll er zum Partner werden. Waren Arbeit und Beruf bisher ein Broterwerb, ein Job zum Geldverdienen, so soll der Beruf zu einer persönlichen Aufgabe als Dienst am Ganzen werden.

---

* M. Ferguson, Die sanfte Verschwörung, S. 246
** M. Ferguson, Die sanfte Verschwörung, S. 290
*** M. Ferguson, Die sanfte Verschwörung, S. 380
**** M. Ferguson, Die sanfte Verschwörung, S. 381

Frau und Mutter

Gegenwärtig noch ist der Mann Haushaltsvorstand und Herr im Hause. In Zukunft soll die Frau und Mutter als Dienende am Leben einen daraus abzuleitenden spezifischen Führungsanspruch wahrnehmen. Der Patriarch, das Männlich-Autoritäre soll nicht mehr übergeordnet sein, das Fraulich-Mütterliche nicht mehr untergeordnet. Die Pflege des Lebens soll Priorität erhalten, die ins Ganze eingegliedert wird.

Weisheit

bedeutet nicht mehr so sehr »viel wissen«, sondern das Verständnis des Ganzen, ein Tiefenwissen vom Menschen und von der Umwelt.

Paradigmawechsel will eine umfassende Bewußtseinsveränderung. »Vom Teil zum Ganzen, vom Struktur- zum Prozeß-Denken, von Fundamenten zu Netzwerken«,* vom Dogma zur spirituellen Entfaltung. (Unter »spirituell« verstehen sie alles, was wissenschaftlich nicht erfahren werden kann und im Bereich des Unglaubwürdigen liegt, das nicht Faßbare und also Spirituelle.)

Wer sich mit *New-Age befaßt,* wird noch weiteren neuen Wörtern mit neuen Wortinhalten begegnen: Holistisch, Raumschiff Erde, Transformation, Paradigma, Initiation, Netzwerk, sanfte Verschwörung, spirituell, sanfte Technologie, Psychotechniken, kosmisches Bewußtsein, esoterisch, Esoterik, Wiederverzauberung, neues Denken, Mutter Erde ...

New-Age hat viele *Symbole;* einige davon:

Regenbogen: Brücke zum großen Universalgeist.

Hakenkreuz: auch bei den Theosophen verbreitet.

Zahl 666: Zahl Luzifers, sie soll die Ankunft des neuen Zeitalters beschleunigen.

* Mag. H. Jobst, New-Age, in Kath. Aktion, Inform. Nr. 2, Jg. 14, vom Juni 1987

Kritik am New-Age

Zunächst einige Bücher, die die moderne Denkweise der New-Age-Bewegung genau und kritisch betrachten: »New Age. Endzeit oder Wendezeit?« von H. J. Ruppert , »Irrwege des Heils« von M. Heide, »Die ungeschminkte Wahrheit« von D. Davis, »New Age, Geheime Gehirnwäsche« von R. König, »Die sanfte Verführung« von C. Cumbey, »Die Verführung der Christenheit« von D. Hunt und T. A. McMahon.

Die kritischen Stimmen und die in den Büchern nachgewiesenen Fakten der genannten Autoren bewirkten bei mir einen geistigen und psychischen Widerstand gegen die neu aufkommende und auf Europa überschwappende New-Age-Bewegung. Ich bemühe mich aber, auch das Gute zu sehen.

Positive Elemente der New-Age-Bewegung:

Engagierte Christen werden durch die New-Age-Bewegung herausgefordert. Wir müssen uns mit den Themen »Mensch-Umwelt-Schöpfung« intensiv befassen und müssen konkret reagieren.

Die kfb-Zeitung der Katholischen Frauenbewegung vom Okt. 1985 befaßt sich unter anderem mit folgenden Themen:
»Der Mensch, Gestalter und Hüter der Erde« — »Gott ist ein Freund des Lebens« — »Fortschritt wohin?« — »Unter der Müll-Lawine« — »Alarmsignale in der biologischen Forschung« — »Zerstörte Innenwelt - zerstörte Außenwelt« — »Lebensordnung und Heilkunst« — »Es fehlt die strategische Vision« — »Zeitgeist, ein unsteter Geselle« — »Ideologische Hintergründe« — »Geschöpf und verantwortlicher Mitgestalter« — »Bruder Baum, Bruder Mensch«

Kirche und kirchliche Stellen befassen sich mit Ökologie, mit christlicher Meditation und neuen Formen der Heilkunst. Bio-Bauern bringen ihre neuen Produkte auf den Markt, man erstrebt das Heil in der Schöpfung Gottes und beachtet wieder die Einwirkungen des Kosmos auf den Menschen.

Es gibt genug kirchliche Bewegungen, die eine anspruchsvolle Verinnerlichung pflegen und den verhärteten Materialismus verdrängen. Eine neue Innerlichkeit lebt auf als Gegenströmung gegen die Verdinglichung. Führende kirchliche Leute arbeiten an neuen christlichen Wegen zu Meditation, Selbstprüfung und Geistlichkeit. Der große Theologe Prof. Dr. Karl Rahner sagte: »Der Christ der Zukunft wird ein Mystiker sein.«

Eine religiöse Erneuerung im Christentum greift Platz. Umso mehr verschwören sich die New-Age-Leute gegen das Christliche und gegen die alte Welt. Die Katholische Kirche verhält sich noch vorsichtig abwartend, während sich eine Reihe evangelischer Christen, führende Denker, vehement und lautstark gegen die Verführungstechniken der New-Age-Bewegung wehren.

Zusammenfassend möchte ich sagen:
Die New-Age-Leute werden in den nächsten Jahren oder Jahrzehnten unser Gesellschaftssystem *umkrempeln,* und eine *neue Elite* wird sich vorn hinstellen.

Die neue Bewegung wird die alt gewordenen Formen der Demokratie verwerfen und ein neues *hierarchisches Autoritätsprinzip* schaffen. Ein *echtes Gespräch* mit den Vertretern des Christentums wird unmöglich sein, weil New-Age entschlossen ist, das christliche Gedankengut und das Erlösungswerk Christi als veraltet zu verwerfen. New-Age-Leute machen bereits das *große Geschäft,* und nicht selten gehen sie unseriös vor. Bücher, Fernkurse, Seminare werden zu Höchstpreisen angeboten und vermarktet.

Sektenführer machen ihre Millionengeschäfte. Und von der Bahai-Sekte berichtet man, daß sie bis 2000 einen Gesellschaftsumschwung erwarten, der auch Menschenleben kosten kann und darf.

New-Age-Leute leben in der Wendezeit, wie sie behaupten. Im Vertrauen auf das Neue Zeitalter werden sie blind für Not, Leid und Sünde der Gegenwart. Hans Pestalozzi sprach im Juli 1987 im österr. Rundfunk in diesem Zusammenhang von der »sanften Verblödung«.

Wer das Böse ignoriert, verliert das Unterscheidungsvermögen und kann nicht mehr verantwortlich handeln. Wir leben nun einmal in einer Welt, wo es Grausamkeit, Herzlosigkeit, Egoismus und Habgier, Genußsucht und Haß gibt. Neben diesen Sünden bringen Kriege, Krankheiten, Hunger und Katastrophen unsägliches Leid auf die Menschen und auf die Welt. Ich glaube nicht daran, daß die New-Age-Leute mit »Positivem Denken«, mit »Allversöhnung und spiritueller Erfahrung und dem Mobilisieren der kosmischen

Kraft« und mit der Ablehnung des Christentums die Menschheit freier, glücklicher, liebevoller und harmonischer machen wird. Es gibt keine heile Welt ohne Christus. Ich meine den biblischen Christus, nicht die Marionette der New-Age-Leute.

Bibelstellen

Befragen wir die Heilige Schrift und lesen wir nach, was zu den einschlägigen Themen ausgesagt wird:

Götzendienst

Paulus schreibt im ersten Brief an die Korinther: »Ist denn Götzenopferfleisch wirklich etwas? Oder ist ein Götze wirklich etwas? Nein, aber was man dort opfert, opfert man nicht Gott, sondern den Dämonen. Ich will jedoch nicht, daß ihr euch mit Dämonen einlaßt. Ihr könnt nicht den Kelch des Herrn trinken und den Kelch der Dämonen. Ihr könnt nicht Gäste sein am Tisch des Herrn und am Tisch der Dämonen« (1 Kor 10, 19-21).

Zum modernen Götzendienst rechne ich Bewußtseinserweiterungsprogramme, die mit sogenannten kosmischen Kräften, mit LSD und außerchristlichen kultischen Handlungen arbeiten, rechne ich das Positive Denken als Psychotechnik, welches mit geheimnisvollen Mächten arbeitet und mit dem Zauber des Glaubens, der sich bei Einhaltung bestimmter Gesetze erfüllt. Ziel dieser Zaubereien ist es, Herr über das Geschick des Menschen zu werden. Dazu zähle ich auch den Psychologismus und alle Psychotechniken, die mit Bilderleben und Vorstellungskraft arbeiten.

Beim Propheten Jesaja lesen wir im 1. Lied vom Gottesknecht: »Ich bin Jahwe, das ist mein Name; ich überlasse die Ehre, die mir gebührt, keinem anderen, meinen Ruhm nicht den Götzen« (Jes 42, 8). Ein eindeutiger Anspruch Gottes gegen den Götzendienst.

Zeichen der Zeit

Beim Evangelisten Lukas heißt es unter »Die Zeichen der Zeit zu deuten wissen«: »Außerdem sagte Jesus zu den Leuten: Sobald ihr im Westen Wolken aufsteigen seht, sagt ihr: Es gibt Regen. Und es kommt so. Und wenn der Südwind weht, dann sagt ihr: Es wird heiß. Und es trifft ein. Ihr Heuchler! Das Aussehen der Erde und des

Dr. med. Johannes Oster prakt. Arzt und Sportmedizi

RheingaustraBe 56 · 65719 Hofheim 2 · Fax: 06192-31733
Praxistelefon: 06192-31148 · Servicetelefon: 06192-3458 ♀
Sprechzeiten: Mo.-Fr. 8-12 · Mo.+Do. 16-19 · Fr. 16-17 Uhr

Birgitte Aland

Untersuchungstermine

zur weiteren Abklärung Ihres Krankheitsbildes möchte ich Ihnen noch folgende Untersuchungstermine anbieten:

	Datum	Uhrzeit
⊘ EKG		
○ Belastungs EKG		
○ Langzeit (24h) EKG		
○ Langzeit Blutdruck		
⊘ Labor + Urin		
⊘ Lungenfunktion		
○ Krebsvorsorge		
○ Gesundheitscheck		
○ Utraschall Gefäße		
○ Rektoskopie		
○ Allergieteste		

Für die Vorsorge bzw. Gesundheitscheckuntersu
sowie für die Laboruntersuchungen sollten Sie
sein und möglichst eine Urinprobe mitbringe

Bitte vergessen Sie nicht, Ihre Chipkarte mitzu

Himmels könnt ihr deuten. Warum könnt ihr dann die Zeichen dieser Zeit nicht deuten? Warum findet ihr nicht schon von selbst das rechte Urteil?« (Lk 12, 54-57).

Zaubereien

Der Prophet Jesaja mahnt in seiner Klage über Babel: »Doch beides wird dich ereilen, plötzlich, am gleichen Tag: Kinderlos wirst du und Witwe, in voller Schwere trifft dich das Unheil, trotz all deiner Zauberei und trotz der Macht deiner beschwörenden Formeln. Doch es wird ein Unheil über dich kommen, das du nicht wegzaubern kannst. Ein Verderben wird euch überfallen, das du nicht zu bannen vermagst« (Jes. 47, 9.11).

Ich denke bei diesen Worten an die Woodoo-Priester, an die modernen Hexenmeister, an Bildvorstellung, Visualisierung und verschiedene magische Rituale, die das geschehen lassen können, was sie sehen und herbeibeschwören.

Paulus schreibt in seinem Brief an die Kolosser und warnt sie vor Irrlehren: »Gebt acht, daß euch niemand mit seiner Philosophie und falschen Lehre verführt, die sich nur auf menschliche Überlieferung stützen und sich auf die Elementarmächte der Welt, nicht auf Christus berufen« (Kol 2, 8).

Die neue Philosophie heißt: Gesundheit, Erfolg und Reichtum um jeden Preis. Um diese Ziele zu erreichen, werden auch Psychotechniken und dämonische Tricks eingesetzt.

Irreführung

Der Evangelist Mattäus schreibt in seiner Wiederkunftsrede vom Anfang der Wehen: »Jesus antwortete: Gebt acht, daß euch niemand irreführe! Denn viele werden unter meinem Namen auftreten und sagen: Ich bin der Messias!, und sie werden viele irreführen« (Mt 24, 4.5).

Erst kürzlich hat sich wieder ein Guru als Maitreya ausgerufen, als Messias, der die Welt vereinen und die Menschen vor dem Untergang retten will. Maitreya hat die Bedeutung von Messias, Erlöser. Paulus schreibt an die Korinther: »Ich fürchte aber, wie die Schlange einst durch ihre Falschheit Eva täuschte, könntet auch ihr in euren Gedanken von der aufrichtigen und reinen Hingabe an

Christus abkommen. Ihr nehmt es ja offenbar hin, wenn irgendeiner daherkommt und einen anderen Jesus verkündigt, als wir verkündigt haben, wenn ihr einen anderen Geist empfangt, als ihr empfangen habt, oder ein anderes Evangelium, als ihr angenommen habt« (2 Kor 11, 3-4).

Die modernen Religionsführer, die sich als Christus oder als wiedergeborener Adam ausgeben, lehren das Gesetz der Wiedergeburt. Nach dieser Lehre soll der Mensch nicht wirklich sterben, sondern werde immer wieder in anderer Gestalt geboren. Das ist die alte Lüge der Schlange, als sie im Paradies Eva verführte. Dort heißt es: »Darauf sagte die Schlange zur Frau: Nein, ihr werdet nicht sterben« (Gen 3, 4).

Im ersten Johannesbrief lesen wir: »Wer ist der Lügner — wenn nicht der, der leugnet, daß Jesus der Christus ist? Das ist der Antichrist: wer den Vater und den Sohn leugnet« (1 Joh 2, 22).

Nach der Lehre der New-Age-Leute wäre der »Vater« eine kosmische Kraft, ein kosmischer Wille; der »Sohn« wäre die menschliche Weisheit und Liebe; und der »Heilige Geist« wäre eine gewisse aktive Intelligenz. Das ist eine andere Lehre als die der Bibel!

Irrlehrer und falsche Christusse

»Denn es wird mancher falsche Messias und mancher falsche Prophet auftreten, und sie werden große Zeichen und Wunder tun, um, wenn möglich, auch die Auserwählten irrezuführen. Denkt daran: Ich habe es euch vorausgesagt« (Mt 24, 24-25).

Im zweiten Johannesbrief heißt es unter dem Kapitel »Die Antichristen«: »Viele Verführer sind in die Welt hinausgegangen; sie bekennen nicht, daß Jesus Christus im Fleisch gekommen ist. Das ist der Verführer und der Antichrist« (2 Joh 7).

Im ersten Brief schreibt Johannes und empfiehlt seinen geliebten Mitbrüdern, sich vor den Antichristen und der Welt zu hüten: »Liebe Brüder, traut nicht jedem Geist, sondern prüft die Geister, ob sie aus Gott sind; denn viele falsche Propheten sind in die Welt hinausgezogen. Daran erkennt ihr den Geist Gottes: Jeder Geist, der bekennt, Jesus Christus sei im Fleisch gekommen, ist aus Gott. Und jeder Geist, der Jesus nicht bekennt, ist nicht aus Gott. Das ist der Geist des Antichrists, über den ihr gehört habt, daß er kommt. Jetzt ist er schon in der Welt« (1 Joh 4, 1-3).

Falsche Christusse sind heutzutage diejenigen, die behaupten, sie seien Christus, der Messias. Gegenwärtig sind dies Jim Jones, Charles Manson und andere Gurus.

Paulus spricht in seinem zweiten Brief an Timotheus eine beschwörende Mahnung aus: »Ich beschwöre dich bei Gott und bei Christus Jesus, dem kommenden Richter der Lebenden und der Toten, bei seinem Erscheinen und bei seinem Reich: Verkünde das Wort, tritt dafür ein, ob man es hören will oder nicht; weise zurecht, tadle, ermahne in unermüdlicher und geduldiger Belehrung. Denn es wird eine Zeit kommen, in der man die gesunde Lehre nicht erträgt, sondern sich nach eigenen Wünschen immer neue Lehrer sucht, die den Ohren schmeicheln; und man wird der Wahrheit nicht mehr Gehör schenken, sondern sich Fabeleien zuwenden« (2 Tim 4, 1-4).

Die Schmeicheleien moderner Religionsführer heißen: Religiöse Betätigung führt zu Gesundheit, Erfolg und Reichtum.

Religiöse Übungen, Visualisierung, Positives Denken und andere Psychotechniken dienen der Erfüllung der eigenen Wünsche, dienen der Selbsterlösung des Menschen von Krankheit, Armut und Erfolglosigkeit. Das sind Predigten der Schmeichler, die gut ankommen, aber Irrlehren zum Inhalt haben. Sie lehren nicht mehr »Herr, dein Wille geschehe«, sondern Techniken und Gesetzmäßigkeiten, die die Durchsetzung des eigenen Willens garantieren.

Johannes, der Lieblingsjünger Jesu sagt es in seiner Frohen Botschaft ganz klar: »Jesus sagte zu ihm: Ich bin der Weg und die Wahrheit und das Leben; niemand kommt zum Vater, außer durch mich« (Joh 14, 6).

Im Judasbrief heißt es: »Liebe Brüder, da es mich sehr drängt, euch über unsere gemeinsame Rettung zu schreiben, halte ich es für notwendig, euch mit diesem Brief zu ermahnen: Kämpft für den überlieferten Glauben, der den Heiligen ein für allemal anvertraut ist« (Jud 3).

Die neue Weltreligion

Aus dem Brief des hl. Paulus an die Thessalonicher über die Ankunft des Herrn, und was ihr vorausgeht: »... der Widersacher, der sich über alles, was Gott oder Heiligtum heißt, so sehr erhebt, daß er sich sogar in den Tempel Gottes setzt und sich als Gott ausgibt«

(2 Thess 2, 4). Als Zeichen des Widersachers erkennen wir die weltweite Verbreitung der Sekten, der hinduistischen Lehren, den Einfluß der Gurus, die Verbreitung des Materialismus und der Drogen, das Aufkommen einer neuen Geistlichkeit als Beschäftigung mit dem Okkulten, den weltweiten Aufruf zur Selbstvergötterung des Menschen. Wir erkennen die weltweite Tendenz, daß die Menschen sich zu Gottmenschen erheben und der alten Lüge aufsitzen. Sie erliegen dem großen Betrug, der Mensch könne sein wie Gott.

Der Prophet Daniel beschreibt seine Gesichte der Endzeit: »Er verführt mit seinen glatten Worten die Menschen dazu, vom Bund abzufallen; doch die Schar derer, die ihrem Gott treu sind, bleibt fest und handelt entsprechend. Die Verständigen im Volk bringen viele zur Einsicht; aber eine Zeitlang zwingt man sie nieder mit Feuer und Schwert, mit Haft und Plünderung« (Dan 11, 32-33).

Unter dem Begriff »glatte Worte« sind die Verführungskünste gemeint, und manche gutgläubige Christen meinen, die modernen Strömungen wären eine sanfte Führung durch Jesus Christus. Eine recht moderne Denkweise ist die in globalen Dimensionen: Globale Verwaltungszentren, Weltzentrale für Ernährung, Weltregierung, universelle Kreditkarte, eine neue Weltreligion, die (luziferischen) Einweihungszeremonien ... alles diene — so sagt man — der Menschheit und läge im Sinne des Humanismus.

Die größte Schmeichelei gipfelt in der Vorspiegelung: »Ihr werdet sein wie Gott.«

Der Prophet Jeremia betont es in einem seiner Weisheitssprüche: »Arglistig ohnegleichen ist das Herz und unverbesserlich. Wer kann es ergründen?« (Jer 17, 9).

Das bedeutet für mich, daß das Gute und Reine nicht von vornherein im Herzen des Menschen gespeichert ist, und man das Gute nicht in sich selbst suchen kann. Der ständige Blick nach innen, so wie ihn die modernen Psychotechniken empfehlen, führt nicht zum vermeintlichen Guten, sondern zu sich selbst, zur Selbstverwirklichung, zum Egozentrismus. Wir sind nicht Gott, der an sich, von sich heraus gut ist. Innere Weisheit empfängt der, der sich Gott öffnet, seine Gnade empfängt und dadurch von den Götzendiensten gereinigt wird.

Der Prophet Jesaja schreibt im Hinblick auf das Gericht Jahwes: »Die Erde ist entweiht durch ihre Bewohner; denn sie haben die Weisungen übertreten, die Gesetze verletzt, den ewigen Bund gebrochen« (Jes. 24, 5).

Bei Mose steht in der Genesis über die neue Ordnung der Welt: »Steht der Bogen in den Wolken, so werde ich auf ihn sehen und des ewigen Bundes gedenken zwischen Gott und allen lebenden Wesen, allen Wesen aus Fleisch auf der Erde« (Gen. 9, 16).

Soweit die Bibel. Die New-Age-Leute haben den Regenbogen für ihr Zeichen herangezogen, als Symbol der Verbindung von menschlicher Persönlichkeit hin zur Weltenseele. Mit Weltenseele sind Mächte und Gewalten gemeint, die nicht von Gott stammen. Derart werden biblische Wahrheiten verbogen.

Paulus schreibt in seinem ersten Brief an die Thessalonicher von Wachsamkeit in der Erwartung der Ankunft des Herrn: »Während die Menschen sagen: Friede und Sicherheit!, kommt plötzlich Verderben über sie wie die Wehen über eine schwangere Frau, und es gibt kein Entrinnen. Ihr aber, Brüder, lebt nicht im Finstern, so daß euch der Tag nicht wie ein Dieb überraschen kann« (Thess 5, 3-4). Die New-Age-Denker predigen den Frieden und die Sicherheit. Sie wollen angeblich Atomwaffen abschaffen oder einfrieren. Andererseits schreibt eine der wichtigsten New-Age-Vertreterinnen, Alice Bailey, in ihrem Buch »The Externalisation of the Hierarchy«, daß die Atombombe ein großer Fortschritt für die Menschheit sei. Die Hierarchie (der Meister, Anm. d. Autors) habe durch den »fünften Strahl«, durch Wissenschaftler, dazu beigetragen, sie zu entwickeln.*

Der hl. Johannes schreibt in der Geheimen Offenbarung über den falschen Propheten im Dienste des Tieres: »Die Kleinen und die Großen, die Reichen und die Armen, die Freien und die Sklaven, alle zwang es, auf ihrer rechten Hand oder ihrer Stirn ein Kennzeichen anzubringen. Kaufen oder verkaufen konnte nur, wer das Kennzeichen trug: den Namen des Tieres oder die Zahl seines Namens. Hier braucht man Kenntnis. Wer Verstand hat, berechne den Zahlenwert des Tieres. Denn es ist die Zahl eines Menschennamens; seine Zahl ist 666« (Offb 13, 16-18).

---

* Constance Cumbey, Die sanfte Verführung, S. 87

Alice Bailey, eine der wichtigsten Vertreterinnen des New-Age, nennt die Zahl 666 eine heilige Zahl und behauptet, der Gebrauch dieser Zahl könne höhere Intelligenzen aus anderen Welten oder aus dem Weltraum auf die Menschen herabziehen.

Light Age

1988 lese ich erstmals vom sogenannten Lichtzeitalter (=Light Age). Es will einen neuen Menschen schaffen und endgültig von Gott Abschied nehmen.

New-Age-Propheten sind die Vorläufer, und diese neue Zeit beherrscht unsere gegenwärtige Gesellschaft. Light Age folgt. Es will ein Zeitalter des Lichtes und des Geistes sein. Man denkt und handelt geradezu unheimlich fortschrittlich, wie sie meinen. Light-Age-Vertreter bejahen die Drogen zur Bewußtseinserweiterung, die Züchtung von Elite-Menschen und die Nutzung der galaktischen Energien.

Der wesentlichste Inhalt im Light Age ist die Selbstbefreiung des Menschen. Eine Freiheit ohne Gott. Der Mensch ist Gott. Und er ist aufgerufen: »Tu, was du willst.« Die christlichen Lehren werden abgelehnt. Der Mensch besorgt sich die Weisheit selbst, indem er mit den Geistwesen aus dem Jenseits Verbindung aufnimmt. Also mit Dämonen.

Die antichristlichen Argumente verstärken sich im Light Age beängstigend. Die Licht-Zeitalter-Anhänger betrachten die Christen als ihre Feinde. Sie sagen, die Christen seien schuld an Haß, Trennung und Zerwürfnis in der Welt.

Eine weltweit angelegte Bewegung, die sich täglich verstärkt und mit hochintelligenten Aktionen in alle Lebensbereiche einschleicht.

Die Umkehr

Ich wollte nur Erfolg

Als gut ausgebildeter Volksschullehrer in einem kleinen Dorf im Bergland hätte ich eigentlich zufrieden sein müssen. Die ausgezeichneten Qualifikationen meiner Vorgesetzten reizten mich an zu noch mehr Erfolg, mehr Ehre und Einfluß. Der Erfolg stachelte mich an zu weiterem Erfolgsstreben. Nach mehrjährigen Wochenend- und Ferialkursen wurde ich Hauptschullehrer und schließlich auch Lehrer für Polytechnische Lehrgänge. Die Auszeichnungen der Prüfungskommissionen in der Landeshauptstadt und die entsprechenden Beurteilungen der Schulleiter und des Schulinspektors steigerten meinen Ehrgeiz ins Uferlose. Ich entdeckte meine Vorliebe für die Leitung von Erwachsenenkursen. Neben Erfolgen, Ehrerweisungen und Belobigungen, die sich häuften, steigerten sich auch mein Einkommen und mein Ansehen. Ich war ein angesehner Mann, und verschiedene Institutionen wünschten mich als Mitarbeiter zu gewinnen.

Familie, Freundschaftsbeziehungen, Urlaub und Erholung stellte ich zurück. Kaum 40jährig hatte ich neben meiner Unterrichtstätigkeit in Schule und Erwachsenenbildung eine Reihe schulpolitischer, partei- und kommunalpolitischer sowie kultureller und kirchlicher Spitzenfunktionen inne.

Endlich war ich etwas geworden.

Fast jeden Tag mußte ich zu Sitzungen gehen oder in die Bezirks- oder Landeshauptstadt fahren. Mein Ehrgeiz trieb mich an, immer mehr nach meiner Meinung wichtige Ämter anzunehmen.

Inzwischen war ich verheiratet, eine Familie wurde gegründet, wir bauten das alte Elternhaus um und aus, und meine Frau schenkte mir zwei Söhne. Doch meine »wichtigen Funktionen« hielten mich in Schach. Die Familie kam zu kurz.

Mit 39 spürte ich einen Druck und ein Brennen in der Magengegend, meine Schlafzeiten wurden kürzer, die Arbeitswut stärker; ich konnte mich nicht mehr entspannen, meine Leistungskraft ließ nach. Aber meine Auftraggeber merkten nichts davon, denn ich nahm alle Kraft zusammen. Meine Frau drängte mich, zum Arzt zu gehen. Hausarzt, Facharzt, Röntgenarzt und der Apotheker halfen mir weiter mit Tabletten. Ich hatte täglich mehrere zu schlucken.

So ging es wieder einige Jahre. Ich bemühte mich sehr, meine Unterrichtstätigkeit und die vielen Funktionen, es waren 17, mit großem Pflichteifer zu erfüllen und wollte mein Leben nicht verändern und mein übersteigertes Leistungsprinzip beibehalten.

Mein Elternhaus baute ich ein zweitesmal um und aus, der Landesschulratspräsident wollte mich als Lehrerausbilder in der Pädagogischen Akademie engagieren, der Landeshauptmann ernannte mich für die Verdienste um die Erwachsenenbildung und für Veröffentlichungen zum Konsulenten der oberösterreichischen Landesregierung, und meine Freunde aus Funktionärskreisen meinten, ich solle doch Schulinspektor werden.

Dann kam das Jahr 1984.

Mein Zwölffingerdarmgeschwür und die Gastritis flammten wieder auf. Schlafstörungen, vor allem ab 4 Uhr früh quälten mich, meine Belastbarkeit sank deutlich.

Dann spürte ich heftiges Brennen im Magen, in der Speiseröhre, im Mund, im Rachen bis zu den Lippen und den Ohren. Nervenschmerzen in der Wirbelsäule und in der Schulter machten mich schlaflos. Dazu kamen ein Ziehen und Zwicken und Drücken in der Bauchgegend. Schweißausbrüche, Schwindelgefühl und Übelkeit, nahe am Erbrechen, zwangen mich, in den Krankenstand zu gehen.

Meine Interessen an den vielen Aufgaben als Lehrer und an den vielen Funktionen in der Öffentlichkeitsarbeit schwanden, ich fühlte mich schwunglos, müde und überflüssig.

Die Ärzte diagnostizierten: Gastritis, Begleitduodenitis, Rufluxoesophagitis, Neurasthenie, psychovegetative Erschöpfungssyndrome, vegetative Dystonie und Depressionen. Die Ärzte wollten mir helfen und verordneten mir 12, später 14 Tabletten pro Tag. Durch die Nebenwirkungen der Medikamente wurde ich immer erschöpfter, und nach einem sechswöchigen Krankenhausaufenthalt bemühte ich mich um Hilfe bei alternativen Heilern.

Meine Grundstimmung war geprägt von einem lähmenden Gefühl der Sinnlosigkeit meines bisherigen Lebens. Die großen Aufgaben erschienen nichtig. Hoffnungslosigkeit und Leere überkamen mich. An nichts hatte ich mehr Freude und alle Kraft war dahingeschwunden. Fragen quälten mich: War mein bisheriges Tun ein großes Versagen, eine Niederlage? Bleierne Schwere, Ratlosigkeit und die Überzeugung, ich hätte alles falsch gemacht, belasteten mich.

Das Schöne im Leben, das ich ohnehin viele Jahre den ehrgeizigen Bestrebungen geopfert hatte, empfand ich nicht mehr. Und das Dunkelste: Hat mein Gott mich verlassen, mich verworfen? Meine Konzentrationsfähigkeit schwand, und ich neigte im Krankenhaus zum stundenlangen Grübeln. Neben den körperlichen Schmerzen übermannte mich Lebensangst.

Der einzige Lichtblick meines Lebens war das Telefongespräch mit meiner Frau. Ihre Stimme und ihre helle Lebenseinstellung brachten täglich Sonne in mein Krankenzimmer.

Als ich nach sechs Wochen das Krankenhaus verließ und sich mein Zustand nur unwesentlich gebessert hatte, schlug mein Internist vor, einen Kurs für autogenes Training zu besuchen. Damit begann ein für mich neuer Weg in das Gebiet der alternativen Heilweisen.

Ein bekannter Doktor für Fachpsychologie war Kursleiter. Er erzählte uns, wie Dr. Schultz das autogene Training entwickelt und von der Hypnose abgeleitet hat. Wer das autogene Training beherrscht, so sagte er, kann sich selbst von Krankheiten wie Asthma, Rheuma, Schlafstörungen, Herzneurosen oder vegetativer Dystonie befreien. Und siehe da, die Übungen gelangen mir recht gut. Nach einigen Wochen spürte ich Ruhe; durch vertiefte Selbstentspannung sollen auch innere Harmonie, Seelenfrieden sowie Befreiung von jeglicher Angst erreicht werden.

Das Geheimnis hieß Selbstentspannung durch Autosuggestion.

Zweimal am Tag nahm ich für fünf Minuten die Droschkenkutscherhaltung ein, schloß die Augen und suggerierte mir folgende Sätze:

Ich bin vollkommen ruhig.
Der rechte Arm ist ganz schwer.
Der rechte Arm ist ganz warm.
Atmung ganz ruhig und gleichmäßig.
Sonnengeflecht strömend warm.
Stirn angenehm kühl.

Zwischendurch mußte ich mir immer wieder suggerieren: Ich bin vollkommen ruhig und gelassen, heiter und frei.

Die Autosuggestionen gelangen mir, mein Körper entspannte sich, Wärmegefühl, kühler Kopf und ein gehobenes Gefühl stellten sich ein.

Strebsam und ehrgeizig wie ich immer noch war, wollte ich anschließend einen weiterführenden Kurs besuchen und die Oberstufe des autogenen Trainings erlernen. Kollegen erzählten mir, daß man sich dabei in eine Art Selbsthypnose versenkt und man in einen schlafähnlichen Zustand versetzt wird, der zu Gefühllosigkeit und Schmerzunempfindlichkeit führt. Nach einiger Zeit des Übens sollte man in Visionen innere Bilder schauen, Sphärenmusik aus dem Kosmos und Engelsstimmen hören, also religiöse Erlebnisse empfangen. Als ich dann noch erfuhr, daß Dr. Schultz das Versenken in das Zauberreich der beglückenden Phantasie als »Fakirismus« bezeichnete und Ähnlichkeiten mit »den Zauberriten der Schamanen, bei den chinesischen Hellsehern, bei der autosuggestiven Ekstase der Pewang auf den Fidschi-Inseln, bei den heilenden Derwischen in Asien, bei den heilenden Teufelstänzen der Kaffern und beim indischen Yogi«* und Parallelen bei diesen Psychotechniken erkannte, wurde ich nachdenklich. Ich las einiges über Yoga und merkte, daß es sich um eine ähnliche Technik handelte wie bei der Autosuggestion.

Immer stand im Vordergrund das »Ich«. Durch Innenschau, Entrücktheit, durch Verbindung mit geheimen Mächten des Kosmos, durch Bewußtseinserweiterung, durch geistige und körperliche Konzentration; durch ausgefeilte Techniken der Selbsterlösung soll ein höheres Bewußtsein erreicht werden.

Ich erkannte, daß Autogenes Training, Yoga, Autosuggestion und Zen-Meditation ein einziges Ziel hatten: Selbsterlösung, also eine

---

* Dr. Manfred Heide, Irrwege des Heils, S. 115

Ersatz-Religion. Ich wollte aber nicht mein Christentum verlassen und eine andere Religion annehmen. Langsam merkte ich, daß ich durch mein autogenes Versenken ein anderer Mensch wurde. Ich betete nicht mehr, entfernte mich von Christus, meinem Erlöser, und die Kirche brauchte ich nicht mehr.

Ich war in eine Sackgasse geraten.

Ein wohlgesinnter Freund empfahl mir zu meditieren. Ich fuhr zu einem laisierten Priester, der zusätzlich Psychoanalytik studiert hatte, und besuchte seinen Meditationskurs. Der Meister lehrte uns einen Art Yogasitz, die Körperhaltung, die Blickrichtung, die gefühlsmäßige Einstellung, alles wurde genau einstudiert. Der Geruch der Räucherstäbchen, Kerzenlicht, der Schlag auf den Gong, die Verneigung am Beginn der Meditation, Farbe und Muster des Teppichs, auf dem wir saßen, alles erzeugte in mir eine eigenartige, fremdartige Stimmung. 30 Minuten lang blickten oder starrten wir auf einen Punkt am Teppich, rührten uns nicht und zählten unsere Atemzüge. Der Erfolg blieb nach mehreren Meditationen nicht aus. Ich wurde selbstsicherer, das Selbstbewußtsein steigerte sich, und psychosomatische Symptome verschwanden.

Ich las die Bibel nicht mehr, dafür die Bücher von Dr. Joseph Murphy. Ich betete das Vaterunser nicht mehr, dafür versenkte ich mich in Meditationsformeln und wandte die Gesetze des Kosmos an.

Dr. J. Murphy war mein neuer Prophet. Seine Bücher verschlang ich. Sie waren mir kostbar. Bis mich eine Stelle in einem seiner letzten Bücher aufhorchen ließ. Murphy schreibt dort wörtlich:

»Durch Innenschau und Meditation über das ICH BIN oder das Superbewußtsein — oder Gott — findet und berührt der Mystiker schließlich das Wirkliche. Indem er sich nach innen wendet, wird er zuerst gewahr, daß das, was wir gemeinhin als unseren Körper kennen, im Grunde aus Lichtquellen besteht und auch diese Erde, auf die wir gestellt sind, wird zu gleißendem Licht. Das äußere Leben wird zu einem Traum, und das innere Leben erwacht. Und wenn der Mensch sich weiter und weiter nach innen bewegt, verschmilzt er schließlich mit dem Unendlichen. Plötzlich wird er dann inne, daß er das Universum gefunden hat; daß Sonne, Mond und Sterne sich in seinem Innern befinden. Zum ersten Male erkennt er sodann, daß Planeten Gedanken sind; daß Sonne und

Monde Gedanken sind; daß seine eigene Bewußtheit oder ICH BINheit die eigentliche Verwirklichung ist, die sie alle gegenständlich macht; daß die Träume des Träumers sich temporär im Raum bewegen; und die Welten, Sonnen, Monde und Sterne Gedanken des Denkers sind. Gott meditiert und wir sind seine Meditationen. Er ist Gott, der über seine Mysterien meditiert. Die innere Reise geleitet den Menschen daher letztlich in das Nirwana — in das Wirkliche; sie befreit den Menschen vom Gefühl des kleinen ICH und führt ihn zu der Erkenntnis des innewohnenden Gottes — des ewigen Selbst. Durch Meditation findet der Mystiker den Frieden, die Kraft und die Seelenstärke für weitere Schritte. Meditation, regelmäßig praktiziert, verleiht jedem Impuls, jeder Einstellung und jeder Handlung Schönheit, Liebe, Frieden, Grazie und Würde.

Lassen sie uns über ewige Weisheiten meditieren, geschrieben von der Hand Gottes, überliefert durch alle Zeitalter hindurch: Von allem, das existiert, BIN ICH (das BIN ICH) der Ursprung, der Verlauf und das Ende. ICH BIN der Keim, ICH BIN das Wachstum, ICH BIN der Verfall. Alle Dinge und Geschöpfe sind aus mir hervorgegangen. Ich erhalte sie, während ich im Äußeren verweile, doch wenn der Traum des Getrenntseins endet, bewirke ich ihre Rückkehr — ihr Wiedereingehen in mich. ICH BIN das Leben, das Rad des Gesetzes und der Weg, der über alles Irdische hinausführt. Es gibt nichts anderes.«*

Wir spüren es, in dieser Phase der Bewußtseinserweiterung, der Erleuchtung erhebt sich der Mensch zum Gott. Der Mensch erlöst sich selbst. Er holt sich die Kraft dazu von geheimen Mächten aus dem Kosmos. Christus wird überflüssig. Sein Name dient als Worthülse. Aber der Meditierende wird selbst zum Christus, zum Christusbewußtsein.

Der Prophet Jeremia sagt dazu: »Hat je ein Volk seine Götter gewechselt? Dabei sind es gar keine Götter. Mein Volk aber hat seinen Ruhm gegen unnütze Götzen vertauscht. Entsetzt euch darüber, ihr Himmel, erschaudert gewaltig — Spruch des Herrn. Denn mein Volk hat doppeltes Unrecht verübt. Mich hat es verlassen, den Quell des lebendigen Wassers, um sich Zisternen zu graben, Zisternen mit Rissen, die das Wasser nicht halten« (Jer 2, 11-13).

---

* Dr. J. Murphy, Das Superbewußtsein; zit. nach Dr. Heide, Irrwege des Heils, S. 191-192

Paulus schreibt im Brief an die Hebräer, daß wir uns Christus als Vorbild nehmen sollen: »Da uns eine solche Wolke von Zeugen umgibt, wollen auch wir alle Last und Fesseln der Sünde abwerfen. Laßt uns mit Ausdauer in dem Wettkampf laufen, der uns aufgetragen ist, und dabei auf Jesus blicken, den Urheber und Vollender des Glaubens; er hat angesichts der vor ihm liegenden Freude das Kreuz auf sich genommen, ohne auf die Schande zu achten, und sich zur Rechten Gottes gesetzt. Denkt an den, der von den Sündern solchen Widerstand gegen sich erduldet hat; dann werdet ihr nicht ermatten und den Mut nicht verlieren« (Hebr 12, 1-3).

Und der Evangelist Markus sagt: »Was nützt es einem Menschen, wenn er die ganze Welt gewinnt, dabei aber sein Leben einbüßt? Um welchen Preis könnte ein Mensch sein Leben zurückkaufen?« (Mk 8, 36-37). Der hl. Johannes schreibt in seiner Vision von der Frau und dem Drachen in der Offenbarung über die Verführungskünste des Teufels und seinen Lügen: »Darum jubelt, ihr Himmel, und alle, die darin wohnen. Weh aber euch, Land und Meer! Denn der Teufel ist zu euch hinabgekommen; seine Wut ist groß, weil er weiß, daß ihm nur noch eine kurze Frist bleibt« (Offb 12, 12).

Ich habe mich vom autogenen Training wieder gelöst, ebenso vom Yoga, von den Meditationstechniken und von der Autosuggestion, wie sie die Psychologen empfehlen und suche mein Heil bei Jesus Christus. In ihn hinein will ich mich versenken, wie es Heilige und Mystiker und die Kirche empfehlen. Ich halte mich an Christus, er ist mein Erlöser, nichts vermag ich ohne ihn. Und die vorübergehende Frische, das Verschwinden von Schmerzen, die Erweiterung meines Bewußtseins waren nur Scheinhilfen für den Körper, aber schädlich für meine Seele. Im Psalm 3 heißt es im Morgenlied des verfolgten Gerechten: »Beim Herrn findet man Hilfe. Auf dein Volk kommt dein Segen!« (Ps 3, 9).

Selbsterlösung, wie sie die modernen Denker predigen, ist ein Betrug. Auch ohne die verschiedenen Formen der Selbsterlösung, ohne die Psychotechniken kann ich Entspanung finden. Im Gebet, in der Versenkung werde ich ebenso ruhig und gelassen, heiter und frei. Ich erlebe dabei, wie die Wärme in meinen Körper kommt, der Puls sich beruhigt und meine Seele sich zu Gott erhebt.

Jeden Tag suche ich eine Zeit der Stille und der Sammlung im Lobpreis Gottes und seiner Schöpfung. Dort erlebe ich tiefe Freude, die mein Herz erfüllt.

Statt der Autosuggestion von Formeln, Mantras und Gesetzen vertraue ich auf meinen Gott, Erschaffer und Erlöser; ich weiß, er liebt mich. Dieses Sich-hineinfallen-lassen in die gütige Hand meines Vatergottes erfüllt mich mit äußerer und innerer Ruhe, Entspannung und Sicherheit. Stille und Gebet erlebe ich also größer und tiefer als die Psychotechniken. Und im bewußten Erlebnis der Natur überkommt mich tiefe Freude, ich meine »Freude«, nicht Genuß oder Vergnügen. Mein Lieblingsgebet ist der Sonnengesang des hl. Franz von Assisi geworden. (S. Seite 30)

Ein priesterlicher Freund empfahl mir in meiner Krankheit: »Du mußt ausschließlich positiv denken!« Und er meinte nicht die Psychotechniken, wie sie Dr. Peale oder Dr. Murphy lehren, sondern das tiefe Erleben der Tatsache: Ich bin von Gott geliebt, er verwirft mich nicht, wenn ich mich ihm anvertraue; ich bin zum ewigen Leben geschaffen, nicht zur Verderbnis.

Ich weiß jetzt, daß mich mein Ehrgeiz krank gemacht hat. Gott hat mir die Gnade der Krankheit geschenkt, damit ich gereinigt und geläutert werde. Mit Gottes Hilfe habe ich meinen Stolz abgebaut und demütig bitte ich ihn, mir den Weg zu zeigen, den ich gehen soll. Ich weiß, er wird mich mit seinen Augen leiten.

Petrus schreibt an die Gläubigen: »Sodann, ihr Jüngeren: Ordnet euch den Ältesten unter! Alle aber begegnet einander in Demut! Denn Gott tritt den Stolzen entgegen, den Demütigen aber schenkt er seine Gnade« (1 Petr 5, 5).

Als der Prophet Elija seine ehrgeizigen Pläne nicht durchsetzen konnte, wurde er lebensmüde: »Er selbst ging eine Tagreise weit in die Wüste hinein. Dort setzte er sich unter einen Ginsterstrauch und wünschte sich den Tod. Er sagte: Nun ist es genug, Herr. Nimm mein Leben; denn ich bin nicht besser als meine Väter« (1 Kö 19, 4). Daraufhin hat Gott ihn nicht verworfen, sondern ihm große Aufgaben übertragen: Elia sollte nach Damaskus wandern, den König von Syrien und den König von Israel salben, ebenso Elisa zum Propheten. Der Psalmist sagt:

»Nahe ist der Herr den zerbrochenen Herzen, er hilft denen auf, die zerknirscht sind« (Ps 34, 19).

»Hymnus auf den hilfreichen Gott: Der Herr öffnet den Blinden die Augen, er richtet die Gebeugten auf« (Ps 146, 8).

Von den alternativen Heilweisen habe ich mir nur eine behalten: Die Fußzonenreflexmassage. Ich halte es für natürlich, wenn man durch häufiges Barfußgehen die Fußsohlen massiert. Wann immer es möglich ist, gehe ich barfuß, besonders auf unebenem, steinigen Boden. Ich habe es schon oft erlebt, daß das Massieren der Fußsohlen durch Barfußlaufen die Körperorgane stärkt und die Gesamtkonstitution günstig beeinflußt. Wer keine Gelegenheit hat, barfuß zu laufen, kann sich ins Badezimmer ein flaches Kistchen mit Rollschotter abfüllen. Ich bevorzuge etwa eigroße sauber gewaschene Steine. Schon in der Früh, wenn ich mich wasche, rasiere und mir die Zähne putze, stehe ich auf den Steinen und tripple herum, sodaß alle Fußzonen massiert werden. Wer die Steine im Badezimmer nicht möchte, kann sich auch einen Massageroller aus Holz kaufen, den man sitzend benützt, indem man auf den kleinen Rollen die Fußsohlen durch Hin- und Hergleiten massiert.

Auch von meinem Augendiagnostiker, einem Arzt, der die zu verordnenden Medikamente mit der Wünschelrute auspendelt, habe ich mich wieder gelöst, weil ich trotz häufiger Erfolgserlebnisse doch den Eindruck des Geheimnisvollen und Undurchsichtigen bekam.

Bei einer Heilmagnetiseurin, Frau Anna Gruber, bin ich noch immer in Behandlung. Ich weiß, daß manche Priester auch den Magnetismus dem Bereich des Okkulten zuschreiben. Magnetismus soll nach Dr. Koch eine »Restgabe der Magie« sein, »zwar davon losgelöst, jedoch noch davon beeinflußt.«*

Aus der einschlägigen Literatur entnehme ich, daß sich Paracelsus und der Arzt F. A. Mesmer mit Heilmagnetismus beschäftigt haben, ebenso der französische Abt Lenoble und der katholische Mönch Frater Lebuinus Jansen, der vom Kardinal De Jong die Erlaubnis bekam, mit magnetischen Strahlen zu heilen.

Es gibt aber auch genug spiritistische Magnetiseure, die mit Dämonen heilen, die sich darauf berufen, »daß ihre Hände durch verstorbene Ärzte gesteuert werden.«*

---

* Dr. W. C. van Dam, Okkultismus und christlicher Glaube, S. 67, S. 69

Andere wieder sagen, daß sie mit der Kraft Gottes heilen, aber das Wort »Gott« steht für andere geheimnisvolle dunkle Mächte, die dem Heiler und dem Geheilten ein Werk Gottes vortäuschen und beide in den Bann der Dämonen ziehen. Sie heilen zwar den Körper oder machen ihn schmerzfrei, aber verursachen Schaden an der Seele, um nicht zu sagen, man verkauft sich an den Teufel.

Die Heilmagnetiseurin Frau Gruber beobachte ich nun seit nahezu vier Jahren und habe über sie ein Buch zusammengestellt.*

Bei der Behandlung von hunderten von Patienten verfolgte ich ihre Vorgangsweise. Es ist richtig, daß ein Unterschied besteht zwischen dem Handauflegen der Apostel, die segnend die Kranken heilten, und den Handlungen beim Magnetisieren. Der Evangelist Markus schreibt: »... Wenn sie Schlangen anfassen oder tödliches Gift trinken, wird es ihnen nicht schaden; und die Kranken, denen sie die Hände auflegen, werden gesund werden« (Mk 16, 18).

Aber vieles spricht dafür, daß Frau Gruber mit den Dämonen nicht in Kontakt steht, sondern mit guten Mächten. Kann sein, daß ihr Kanal, aus dem sie die Kraft schöpft, nicht direkt von Gott kommt wie bei den Aposteln, sondern von himmlischen Mächten, den Engeln, die mit Zulassung Gottes heilsam wirken.

Nachstehend zehn wichtige Beobachtungen, die Frau Gruber von einem Scharlatan unterscheiden:

— Täglich geht sie zur hl. Messe und bittet bei der Wandlung um die Heilkraft für ihre Kranken. Auch Fernheilungen sind bestätigt worden.
— Mit ihren Patienten betet sie am Tagesbeginn das Vater unser, das Ave Maria; für Sünder, Sterbende, Priester und die Familien.
— Sie verwendet keinerlei Beschwörungsformeln, sondern legt nur die Hände auf, kommt nicht in Ekstase, erlebt keinerlei Bewußtseinserweiterung oder Bewußtseinseinschränkung.
— Menschen, die sich mit dunklen Mächten befassen, den Dämonen verschreiben, lehnt sie ab, behandelt sie nicht, ja sie spürt eine tiefe Kluft, die sie auf Distanz hält, auch räumlich gesehen.
— Vor jeder Art der Besessenheit und dämonischer Beeinflussung von ratsuchenden Menschen empfindet sie Angst, Abscheu und Machtlosigkeit.

---

* Anna Gruber, Gott gab mir heilende Hände, Verlag Plieseis, Wels

- Die Energieübertragung geschieht physikalisch, der Behandelte spürt die aufkommende Wärme in der behandelten Gegend und oft die sofortige Schmerzlinderung.
- Man kann ihre Strahlen, wenn Frau Gruber ihre Hände gegen das Sonnenlicht hält, bläulich schimmern sehen. Man kann ihre Strahlen fotografieren.
- Priester, Nonnen und hohe geistliche Würdenträger zählen zu ihren Patienten.
- Als geheilter Patient spürt man Dankbarkeit Gott gegenüber und spürt sich Jesus Christus und seiner Kirche tief verbunden.
- Sie verlangt kein Geld für ihre Heilertätigkeit, ganz im Sinne der Hl. Schrift, wo es heißt: »Heilt Kranke, weckt Tote auf, macht Aussätzige rein, treibt Dämonen aus! Umsonst habt ihr empfangen, umsonst sollt ihr geben« (Mt 10, 8).

Verführungskünste modern verpackt

In der Vierteljahreszeitschrift der Heilkräuter-Freunde las ich eine Anzeige von einer Organisation, die sich ihrer Angabe nach mit Menschlichkeit und Bewußtseinserweiterung beschäftigt. Ich bestellte 1986 das Informationsmaterial, dem ich folgendes entnehme:

Das vielseitige Farbprospekt (1984 die 12. Auflage in deutscher Sprache) wirbt um die Mitgliedschaft und bietet die Gesetze des Kosmos, des Lebens und des Erfolges an. Wer mitmacht, so heißt es, erlebt ein Wunder: Angst, Mangel und Begrenzung verschwinden, und Ehre, Ruhm, Reichtum und Macht erlangt angeblich der, welcher die Persönlichkeitsentwicklung und gesteigerte Kreativität fördert. Eine Kernaussage dieser Ankündigungen heißt: »Wisse, Mensch, daß die einzige Ursache deiner Fehlerhaftigkeit die ist, daß du deine eigene Göttlichkeit nicht erkennst.« Wer hingegen seine Göttlichkeit erkennt, erlangt Glück, Erfolg und Reichtum.

Man braucht für das abc-Ausbildungsprogramm nur 1224 DM (= S 8 568) zu bezahlen, dann erhält man Material, das drei Sammel-

---

Den Namen der Organisation verändere ich auf XYZ, was soviel bedeutet wie »Menschen der ganzen Welt, vereinigt euch«; das Ausbildungsprogramm nenne ich abc, was soviel bedeutet wie »erweitere dein Bewußtsein«. Diese Namensänderungen empfahl mir ein Jurist, damit die Firma nicht wegen Geschäftsschädigung klagen kann.

mappen mit etwa 1000 DIN A 4 Seiten und 13 Tonbandkassetten umfaßt. Wer die Mittel nicht parat hat, darf auch in Monatsraten zu DM 115.60 (=S 809.20) zahlen, mit Bankeinzug, versteht sich.

abc lehrt den Einklang von Mensch und Natur, von Mensch und Kosmos. Der Kursteilnehmer braucht übrigens keine Angst zu haben, daß von einem »herkömmlichen Gott« geredet wird, auch hat das ganze nichts mit dem »Konzern Kirche« zu tun, wie zynisch bemerkt wird. Gott ist nämlich nach Ansicht von abc ein kosmisches ES und kein persönliches DU, wie wir Christen glauben, es gibt nach dieser Lehre keinen Vatergott. Gott ist nur eine Art höhere Macht. Die neue Lehre beteuert, sie brauche keinen Multi-Konzern Kirche, man benötige überhaupt keine Kirche mehr, die den Menschen den Eingang in das Himmelreich nur dann gewähre, wenn er sich in die »Sekte« bedingungslos eingliedere und artig seine Kirchensteuer zahle. Das moderne Programm vergleicht den Menschen mit einem »Schlafenden Gott«, und die Zeit sei gekommen, die innewohnenden Kräfte und Energien freizusetzen.

Einige Schlagwörter aus dem Ausbildungsprogramm

Persönlichkeitsentfaltung, positives Denken, Gesetze der Polarität, Selbsterkenntnis, psychologische Gesetzmäßigkeiten; Bewußtseinserweiterung, Gedanken steuern ihr Leben, Kosmos, kosmische Energien, Gedanken sind Kräfte, Telepathie, außersinnliche Wahrnehmung, Intuition, Yoga, Astrologie, spirituelle Wege, Meditationstechniken, kosmisches Bewußtsein, Re-Inkarnation, buddhistische und nirwanische Ebene, Gebrauch der kosmischen Kräfte.

Mit Hilfe all dieser Kräfte, Mächte und Techniken soll der Mensch sich selbst erkennen, sich den Wunsch erfüllen, wie es über dem Orakel von Delphi gestanden ist »Erkenne dich selbst«. Die neu zu gewinnenden Erkenntnisse sollen dem Menschen die Augen öffnen ganz im Sinne der Kernaussage: »Wisse Mensch, daß die einzige Ursache deiner Fehlerhaftigkeit die ist, daß du deine eigene Göttlichkeit nicht erkennst.« Das moderne Bewußtseinserweiterungsprogramm verspricht, daß sich ein neues Weltbild auftun werde, und daß den Menschen die Augen aufgehen werden; Mangel und Begrenzung verschwinden, Verjüngung, mehr Glück und Verstand, weniger Krankheiten, mehr Geld, kein Leistungszwang, mehr Erfolg werden versprochen.

Der große Wirtschaftsirrtum, so behauptet abc, lautet: »Lieber arm und glücklich, als reich und unglücklich.« Durch abc wird der Mensch reich und glücklich, und innerhalb von fünf Jahren, so behauptet die Schrift, kann der Gewinn verdoppelt werden.

Das neue Zeitalter, das New Age, das Wassermann-Zeitalter wird ein Goldenes Zeitalter werden, meinen die Verfasser des Papieres. Es soll angeblich beginnen, wenn sich die Menschen mit Esoterik, Parapsychologie, Imagination und Autosuggestion beschäftigen.

Sie behaupten: Wer die geheimen Kräfte des Unterbewußtseins mobilisieren kann, erlebt den Automatismus des Erfolges. Erfolg ist das Ziel. Als Fernziel kündigt die Schrift an: Jahrtausendobjekt Terrania-City und die Weltbürgerschaft.

Jeder könne Mitglied der Weltbürgerschaft werden, wenn er eine Aufnahmegebühr von S 189 und einen jährlichen Mitgliedsbeitrag von S 1008 per Vorkassa zahlt. Man könne auch Aktien-Abonnements erwerben, wenn man jährlich sFr 100 - 10 000 leistet. Mit dem Geld unterstützt man eine überparteiliche Vereinigung, die positiv denkt und Toleranz, Völkerverständigung sowie alternative grenzwissenschaftliche Forschung fördert.

Auf die Geschäftstüchtigkeit der Firma möchte ich nicht eingehen, der Leser wird sich selbst ein Bild machen. Die Inhalte scheinen mir doch bedenklich:

In der Hl. Schrift lese ich beim Sündenfall: »Nein, ihr werdet nicht sterben.« Diese Lüge der Schlange wird modern erklärt mit der Lehre der Wiedergeburt, dergemäß der Mensch angeblich nicht mehr stirbt, sondern nach seinem Tode immer wieder geboren wird.

Die zweite Aussage der Schlange heißt in der Bibel: »Sobald ihr davon eßt, gehen euch die Augen auf.« Die modernen Lehren nennen das Bewußtseinserweiterung. Und schließlich heißt es in der Genesis: »Ihr werdet sein wie Gott« (Gen 3, 4-5). Die modernen Schulungsprogramme wollen die Göttlichkeit des Menschen hervorheben. Abschließend zu diesem Gedanken möchte ich sagen: Die Menschen erheben sich gegen Gott, genauso wie das in der Hl. Schrift beim Sündenfall beschrieben ist.

Ähnliches schreibt auch unser größter deutscher Dichter und Denker vor ca. 160 Jahren, Johann Wolfgang von Goethe, in seinem Faust: Dr. Faustus ist mit seinem Leben unzufrieden, beschwört die Dämonen, verschreibt sich dem Teufel und erlangt dafür neue Frische, Jugend, Kraft, Schönheit, Intelligenz, Erfolg, Verführungskünste und stürzt damit seine Geliebte ins Verderben.

Auch das sogenannte Heimholungswerk Jesu Christi, neuerdings unter dem Namen »Universelle Kirche«, schickt mir kostenlose Broschüren, die eine selbsternannte Prophetin verfaßt. Dazu heißt es im Evangelium des hl. Johannes: »Viele Verführer sind in die Welt hinausgegangen; sie bekennen nicht, daß Jesus Christus im Fleisch gekommen ist. Das ist der Verführer und der Antichrist« (2 Joh 7).

Die große Invokation

Schon in einigen Büchern über Esoterik habe ich von diesem Gebet gelesen. Invokation heißt Anrufung und wird auf der ganzen Welt immer publiker. Neben den einzelnen Gedanken des Weltgebetes schreibe ich eine christliche Interpretation, wie ich meine, daß ich als Christ beten müßte:

Die große Invokation	*Versuch einer christlichen Interpretation*
Aus dem Quell des Lichts im Denken Gottes ströme Licht herab ins Menschendenken. Es werde Licht auf Erden!	Mein Herr und mein Gott-Vater! Du bist das Licht der Welt. Laß mich dein Licht erkennen, auf daß ich meinen Mitmenschen zum Licht werde.
Aus dem Quell der Liebe im Herzen Gottes ströme Liebe aus in alle Menschenherzen. Möge Christus wieder kommen auf Erden!	Mein Herr und mein Gott. Durch deine unendliche Liebe hast du uns Menschen erlöst. Ich will mein Leben nach meinem Erlöser, Christus, ausrichten.
Aus dem Zentrum, wo der Wille Gottes thront, lenke planbeseelte Kraft die kleinen Menschenwillen zu dem Endziel, dem die Meister wissend dienen!	Mein Herr und mein Gott! Gib mir die Kraft, daß ich deinen Willen vollbringe!

Durch das Zentrum,
das wir Menschheit nennen,
entfalte sich der Plan
der Liebe und des Lichts
und siegle zu
die Tür zum Übel.

Mein Herr und mein Gott,
laß mich dich
und deine Schöpfung lieben
und entlasse mich nicht
in die Versuchung!

Mögen Licht und Liebe und Kraft
den Plan auf Erden
wiederherstellen!

Mein Herr und mein Gott!
Ich will dir in Liebe
und mit aller Kraft dienen,
damit sich
dein Heilsplan erfülle!

Diese große Invokation, diese Anrufung ist ein Weltgebet geworden, das alle großen Wahrheiten aller großen Religionen, Liebe, Licht und göttliche Kraft und Meidung des Übels beinhaltet.

Diese Anrufung wurde seit 1945 in 52 Sprachen übersetzt und wird bald so bekannt werden wie das Vaterunser bei den Christen oder der 23. Psalm bei den Juden, wenn die Verbreitung durch Presse, Post, Plakate, Handzettel, Bücher, Zeitungen, Zeitschriften, Interviews, Vorträge, Radio, Fernsehen und Werbung von verschiedenen New-Age-Gruppen so intensiv fortgesetzt wird wie bisher.

Betrachten wir Inhalt und Sprache der Invokation:

Die Invokation ruft ein ES an, eine namenlose Größe, eine den Menschen unbekannte Kraft, ein starkes Etwas, das keinen persönlichen Kontakt zu den Menschen hat. Wir Christen rufen unseren Gott Vater an, den wir von seinen Offenbarungen durch die Propheten und durch Christus sehr genau kennen. Wir wissen wohl bescheid um Gott, wir kennen ihn und sind vertraut mit ihm. Es ist uns sehr genau bekannt, wie David dem Allwissenden gehuldigt hat: »Herr, du hast mich erforscht, und du kennst mich. Ob ich sitze oder stehe, du weißt von mir. Von fern erkennst du meine Gedanken. Ob ich gehe oder ruhe, es ist dir bekannt; du bist vertraut mit all meinen Wegen. Noch liegt mir das Wort nicht auf der Zunge, du, Herr, kennst es bereits. Du umschließt mich von allen Seiten und legst deine Hand auf mich« (Ps 139, 1-5).

Während die Invokation meist Hauptwörter verwendet, die monumental und großartig wirken, während man alte Wörter mit neuen Inhalten gefüllt hat und den Konjunktiv als sanfte Befehlsform einsetzt, sind die christlichen Gebete schlicht gehalten, Tätigkeitswörter dominieren, demütiges Bitten. Bei der Invokation hat der Angerufene zu reagieren »Licht ströme ... Liebe ströme ... Kraft lenke ... Plan entfalte ... den Plan wiederherstellen ...«. Das christliche Gebet bittet Gott um seine Kraft für eine persönliche Veränderung. Gott wird gelobt, gepriesen und gehuldigt, während die Invokation den Gott auffordert, ihm Befehle erteilt.

Bei der Invokation veranlaßt der Beter, daß die unpersönliche Kraft zu reagieren hat wie ein Automat, und zwar nach den Wünschen des Menschen. Der Christ betet: »Dein Wille geschehe wie im Himmel so auch auf Erden«; du allmächtiger Gott, hilf uns, deinen Willen zu tun.

Der Unterschied ist gewaltig, der Inhalt ein kontradiktorischer Gegensatz: Der Mensch erfüllt den Willen Gottes. Bei der Invokation ist es umgekehrt: Die allmächtige Kraft erfüllt den Willen des Menschen.

Die Invokation ruft eine kosmische Kraft an, einen weltumspannenden mächtigen Automaten: Der Beter gibt seine Wünsche ein, programmiert ihn mit Anrufungen, und die kosmische Kraft hat zu reagieren. Der Automat löst alles. Die kosmische Kraft kann gar nicht anders, als dem Beter gehorchen. Die Worthülse »Gott« wird gefüllt mit kosmischer Energie, Gott wird degradiert zum Erfüllungsgehilfen des Menschen, wie ein Automat, der das gewünschte rosarote Bonbon ausspuckt, wenn man das Geld eingeworfen hat. Wer die Gesetze des Kosmos kennt, kann sich »Gott« dienstbar machen.

In der Invokation wird nicht der allmächtige Gott, unser aller Vater, der Schöpfer des Himmels und der Erde und der Erlöser aller Menschen angebetet, sondern ein Götze, einer, der sich als ein Engel des Lichtes ausgibt, selbst darstellt. Wenn dieser Götze, die Kraft eines scheinbaren Lichtes, die Anrufungen der großen Invokation erfüllt, dann wird der Mensch zur verantwortungslosen Marionette. Er soll in Licht, Liebe und Kraft eingehüllt und die Tür zum Übel soll ihm zugeriegelt werden.

Dieses vorgegebene Glücksgebäude würde dem Menschen keinen freien Willen mehr einräumen.

Gebt acht, daß euch niemand verführe!

Ich wollte mich selbst verwirklichen

Damit meinte ich Erfolg, Ansehen, Einfluß und Wohlhabenheit. Ich wollte als Lehrer Karriere machen, so wie mein Freund und Studienkollege. Ernstgenommen werden, eine Rolle spielen, ein gewichtiges Wort sprechen können, das hätte ich gern gehabt. Ich wollte mich selber managen, mich machen, so wie ich mir das vorstellte, mein Ideal von mir selbst verwirklichen. Ich scheute nicht Mühe und Fleiß und nahm jede ehrenamtliche Arbeit an, die man mir anbot, wenn ich der Meinung war, damit könnte ich in meiner Laufbahn weiterkommen. Nach zwei Jahrzehnten, als ich ausgepumpt und erschöpft war, mußte ich erkennen, daß meine Selbstverwirklichung ein Tanz um mich selber war, alle Denkweisen kreisten um mich selber, ich hatte mich als Egozentriker eingesponnen. Ich war nicht mehr offen und nicht mehr »in«.

Jetzt, da ich mich bekehrt habe, weiß ich, daß der Selbstverwirklichung die Liebe und die Hingabe fehlen. Ein Selbstverwirklicher denkt nur an sich selbst, die Eigenliebe dominiert, seine Liebe zu den Nächsten wird nicht gelebt, er fühlt sich isoliert.

Seit ich mich wieder zu den Mitmenschen hinbewege, in die Welt und in die Schöpfung eintauche, mit den Sachen und Dingen kommuniziere, bin ich wieder ein Mitatmender, ich lebe mit den Lebenden. Ich vereinige meinen Atem mit den Mitmenschen und den Dingen. So kann ich mich wieder hingeben, kann dienen, warten, hören und lieben.

Wie trügerisch ist doch der Werbeslogan: Die Kunst, ein Egoist zu sein! Ich habe es erlebt, erst, wenn man sich selbst verschenkt, kommt man zu sich selber, erst dann wird man sich selber zurückgeschenkt.

So erlebe ich wieder die Tiefe meines Seins; wenn ich mich nicht selbst erstrebe, nicht egozentrisch selbst verwirkliche, erst dann gehöre ich zu den Geschöpfen, bin ich ein mitatmender Teil der Schöpfung.

Das ist ein großer Irrtum: Denn der Mensch vervollkommnet sich nicht durch Selbstverwirklichung, sondern durch Hingabe.

Der Mensch sollte sich dem hingeben, was Gott für ihn vorgesehen hat, nicht an das, was man sich selbst ausgedacht hat.

Loslösung

Von den Psychotechniken des New-Age habe ich mich losgelöst, und in der Stille, im Gebet, im Naturerlebnis und in der Freude an den kleinen Dingen des Alltags suche ich mein Heil.

Freude

Von meiner Frau habe ich sie gelernt. Lange bevor unsere Söhne und ich aufstehen, huscht meine Frau auf leisen Sohlen frühmorgens in den Garten, um den Blumen beim Erwachen zuzusehen. Sie freut sich an jedem Sonnenstrahl, der durch die Wolken leuchtet, freut sich an jedem Nebelschleier, der sich hebt, an den Regentropfen, die die Pflanzen tränken, sie erfreut sich an jedem kleinen Glück in der Natur. Nie schimpft sie über das Wetter, immer freut sie sich an der Natur Gottes. Den ganzen Tag, so sagt meine Frau, zehrt sie von diesen zehn Minuten im Garten, zehn Minuten in Stille und Freude. Die Freude gibt ihr soviel Kraft, daß sie die anstrengenden Aufgaben als Sprachlehrerin, Mutter und Gattin, und die Führung des Haushaltes bestens bewältigt.

Während meiner Krankheit hat mir meine Frau durch ihre Lebensfreude viel geholfen.

Freude an den kleinen Dingen, Liebe zur Schöpfung Gottes sowie Gebet und Stille haben mich wieder gesund gemacht.

Natur

Während der Jahre, da ich viele Funktionen im öffentlichen leben innehatte, hörte ich keine Vögel singen, sah dem Zug der Wolken nicht zu und hatte keine Zeit, dem Rauschen des Wassers zu lauschen. Seit ich mit meiner Frau und unseren Söhnen in einem kleinen Ort des Berglandes Urlaub mache, im kalten glasklaren Bergsee bade und schwimme, die Forellen im Gebirgsbach beobachte und mit den Rädern in die Täler, um den See und durch die Landschaft fahre, beginnt mein Prozeß des Gesundwerdens. Ich bin kein Zerrissener mehr, mein Leben ist harmonisch geworden. Ich atme wieder mit der Schöpfung. Wenn ich mit einem meiner Söhne in der selbsterbauten Almhütte verweile, dann lerne ich wieder das einfache und bescheidene Leben lieben.

Stille

Stille kann ich nur dann finden, wenn ich auch einen tieferen Sinn des Lebens erkenne. Wenn ich das Leben, das Ziel, das Wohin, verstehe. Unter Stillwerden meine ich nicht, das Radio abdrehen, ein Gespräch beenden, einen ruhigen Ort aufsuchen, das alles gehört dazu, es könnte aber trotz der äußerlich ruhigen Umstände dennoch eine Unruhe zurückbleiben. Ich meine die Stille, die mich ruhig macht, wenn ich mich in die offene Hand Gottes hineinfallen lasse, wenn ich die tiefen Zusammenhänge in der Natur, der Schöpfung Gottes, erahne.

Wenn ich in Stille den Sonnengesang des hl. Franz von Assisi betrachte, wenn ich mich der Subtilität einer Kornelkirsche oder eines Apfels hingebe, wenn ich die Zusammenhänge zwischen Gott, Kosmos und Mensch, wie sie die hl. Hildegard von Bingen schaut, erahne, dann erlebe ich eine überaus reiche Stille. Und wenn ich gar nichts denke, nur mein Sein spüre als Teil des Schöpfungswerkes, dann tauche ich ein in schöpferische Stille. Sie gibt mir Ruhe und Sinn. Ich erlebe diesen Sinn und die Ruhe vor allem, wenn ich dankbar bin, in einer Grundstimmung der Dankbarkeit lebe. Ich meine nicht

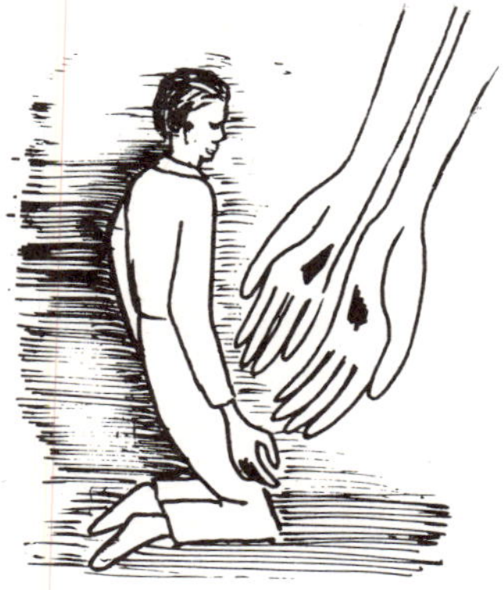

die Worthülse »Danke schön«, sondern die innere Haltung der Dankbarkeit für mein Leben, die Erlösung durch Christus, das Ziel einer Glückseligkeit in Gott.

Gebet

Die Dankbarkeit meinem Schöpfer gegenüber als Haltung meines Herzens, Freude als Sinn des Lebens, diese Dankbarkeit ist ein Gebet. Wenn ich aus der Güte Gottes schöpfe, wenn ich die Quelle allen Seins erahne, wenn ich in allem einen Sinn erkenne, dann bete ich. Diese Gebetshaltung vertieft das menschliche Sein. Ich verspüre den Zugang zu Gott, wenn ich bete oder bei einfachen Arbeiten Gebetsformeln spreche.

Erst am Ende meines fünften Lebensjahrzehntes habe ich das Gebet lieben gelernt, früher betete ich aus Gottesfurcht. Ich liebe die Psalmen Davids »Der gute Hirt« (Ps 23), »Huldigung an den Allwissenden« (Ps 139), den Sonnengesang des hl. Franz, das Vaterunser, den Glorreichen Rosenkranz. Vor dem Einschlafen meditiere ich gern ein Foto von Jesus Christus vom Grabtuch von Turin.

Seit einigen Jahren meditiere ich gern die Worte der Mutter Gottes in Fatima oder Bilder aus der Schau der hl. Hildegard.

Meditation

Ich habe mich von Yoga und Zen gelöst und mich der christlichen Meditation zugewandt. Ich wollte und will keine Bewußtseinserweiterung durch intensive Versenkung, wie sie bei Yoga, Zen, Transzendentale Meditation und Mantram als eine Art geistiger Droge angestrebt wird. Ich will mein Leben nicht erweitern, sondern in Jesus Christus vertiefen. Psychotechniken, wie sie verschiedene Sektenführer, Yogis und Gurus lehren, halte ich nicht nur für naturwidrig, sondern auch für gefährlich, weil dabei Kräfte und Mächte mobilisiert werden, die vom Menschen Besitz ergreifen und ihn gefangennehmen. Ich will mich versenken, wie es unsere christlichen Meister gelehrt haben: Meister Eckhart, Teresa von Avila, Johannes vom Kreuz, Franz von Assisi, Ignatius von Loyola.

Wie ich meditiere

Wenn ich innerlich ruhig und gelassen werden möchte, dann darf ich mich tagsüber von der Hetze des Alltages nicht auffressen lassen. Ich will und muß mich von dem Irrtum befreien, daß meine Tätigkeiten im Beruf und in der Öffentlichkeit sehr wichtig seien.

Bei verschiedenen Gelegenheiten suche ich die Meditation, ohne dazu ein Zeremoniell zu benötigen.

Im Urlaub liebe ich es, mit dem Fahrrad rund um den Lunzer See zu fahren. Bei einem Gebirgsbach halte ich inne und beschaue das Wasser. Ohne bestimmte Gedanken zu denken, gebe ich mich dem Fließen, der Klarheit, dem Rauschen, der Frische, den Fischen hin. Ich kommuniziere mit dem Wasser. Das beruhigt, verinnerlicht. Erinnerungen steigen auf aus der Kindheit und ziehen mit dem klaren Wasser dahin. Meine Frau sucht heute noch nach dreißig Jahren das Plätzchen, von dem aus sie stundenlang in das glasklare Wasser geschaut hatte. Ähnlich kann ich mich versenken, wenn ich mich am Seeufer oder am Meeresufer dem Treiben der Wellen hingebe oder wenn meine Gedanken mit den Wolken am Himmel dahinziehen, während ich im Garten liege. Auch beim Angeln erlebt der Fischer Entspannung und innere Ruhe, wenn er stundenlang ins Wasser blickt und einen bestimmten Punkt fixiert. Der Weidmann meditiert, wenn er am Hochstand sitzt und in der Morgenfrühe das Wild beobachtet und leise Regungen mit den Augen verfolgt und fixiert.

Warum lieben junge Leute und auch ältere das Lagerfeuer? Lang hocken sie vor den züngelnden Flammen und starren hinein. In Gedanken versunken lauschen alle dem Knistern des Feuers, und wenn die Flammen kleiner werden, fühlt man sich gedrängt, einige Scheite nachzulegen. Ich empfinde das Sitzen am Lagerfeuer wie eine seelische Reinigung, weil manches vom Unterbewußtsein hochkommt und verglüht wie das Holz im Feuer.

Warum sind die eisernen Kaminöfen so beliebt? Gespräche vor dem Kamin gehören seit Menschengedenken zu den vornehmsten und erfolgreichsten Meditationsübungen. Ein mir bekannter Arzt versäumt keine Gelegenheit, und liebt es, bei den Gesprächen mit den Facharztkollegen durch die Glastüren seines Kaminofens die züngelnden Flammen zu beobachten. Er sagt mir, daß ihn der Blick in die Flammen erfrischt, daß ihm dabei die besten Einfälle kommen und sich überhaupt seine Gedanken konzentrieren.

Man kann auch am Grab eines geliebten Menschen, vor einem Kunstwerk, oder angesichts einer Landschaft so in Gedanken versunken sein, daß man rings um sich alles vergißt, keine Umgebung mehr wahrnimmt. Auch das ist eine Art Meditation.

Warum ich meditiere

Den ganzen Tag über erlebe ich Hektik und Streß. Da verspüre ich am Abend das Bedürfnis, still zu werden, ich sehne mich danach, mein Inneres zu erleben; für eine halbe Stunde verlagert sich meine Erlebniswelt nach innen. Daher schaue ich kaum Fernsehfilme an. Dadurch gewinne ich im Vergleich zu früher etwa zwei Stunden am Tag.

In dieser Ruhe erlebe ich Entspannung von innen her, keine suggerierte Entspannung wie beim autogenen Training, sondern eine von innen her. Ich fühle mich nach einer Meditation gereinigt und geläutert; vielleicht, weil das unbewußt Verdrängte bewußt wird und sich verflüchtigt. Während dieser Stille kommen mir die besten Gedanken; ich werde frischer, ursprünglicher und kreativer.

Meine Sensibilität, meine Empfindungen für mein Ich, für meine Mitmenschen und für die Schöpfung Gottes steigern sich.

Im Alltag ist es günstig, sich eine bestimmte Tageszeit, etwa 20 Minuten, für Meditation einzuplanen.

Was die Abfolge betrifft, möchte ich einige Hinweise anbieten, die ich von meinem Meditationslehrer gelernt und in den Büchern der beiden Autoren Dr. V. Satura und Prof. Dr. J.B. Lotz* gelesen habe. Mir scheinen grundsätzlich drei Erkenntnisse sehr wichtig:

---

* Joh. B. Lotz, Einführung in die christliche Meditation; V. Satura, Meditation aus der Sicht der Psychologie und der christlichen Meditation.

— Während der Meditation absolute Regungslosigkeit in Stille. Auch eine Fliege auf der Nase, Juckreiz am Kopf oder sonstiges dürfen nicht ablenken zu einer Bewegung.
— Ein geistliches Thema im Zentrum der Meditation. Die indischen Yogis meditieren ohne Thema, sie wollen völlige Gedankenleere erreichen.
— Der Atem, der die Schau nach innen ermöglicht.

Wenn ich sehr müde bin, liege ich mit dem Rücken auf dem Teppich und blicke nach oben. Unter den Kopf schiebe ich einen Polster, die Arme liegen leicht abgewinkelt, die Handflächen am Boden. Ich fixiere etwas Erfreuliches: die Blumen am Fensterbrett zum Beispiel. Das entspannt.

Beim Liegen aber neige ich zum Dösen, was nichts zu tun hat mit der Meditation. Beim Meditieren muß man Geist, Seele und Körper konzentrieren.

Daher ist für mich die sitzende Haltung die beste. Beim Knien in der Kirche bekomme ich nach kurzer Zeit Schmerzen, was mich ablenkt. Ich bevorzuge einen nach einem Modell selbst gebauten Meditationsstuhl. Auf diesem, halb knieend, halb sitzend, bekomme ich keine Kreuzschmerzen.

Was man aber immer zur Verfügung hat, ist ein normaler Stuhl. Am einfachsten meditiert man auf einem Holzstuhl sitzend. Von der Droschkenkutscherhaltung, wie ich sie beim Kurs für autogenes Training gelernt habe, bekomme ich Kreuzweh.

Ich sitze aufrecht auf einem Holzstuhl, rutsche etwas zurück, um die Sitzfläche auszunützen, die Füße stelle ich nebeneinander auf den Boden, Unterschenkel etwa senkrecht, Fußspitzen und Knie schauen leicht nach außen. Man lehnt sich am besten nicht an.

Der Körper muß »ins Lot« kommen. Damit meine ich als Vorbild das Senkblei, wie es die Maurer verwenden. Die unteren Körperpartien machen sich breit und schwer, Oberkörper und Kopf werden von unsichtbarer Hand leicht hochgezogen, bis sie ins Lot kommen. Um das zu erreichen, pendelt man sich in kleinem Kreis so ein, bis man ohne Muskelanstrengung völlig gerade sitzt. Verkrampfungen vermeiden! So wie das Senkblei des Maurers der Schwerkraft folgend zur Ruhe kommt, sitzt auch der Körper ohne jede Kraftaufwendung, gelöst, entkrampft, locker und doch gerade da. Dann packe man sich selber geistig am Schopf und ziehe den Kopf etwas höher, während sich das Becken auf dem Stuhl breit macht wie eine stehende Birne oder wie der Wurzelstock eines Baumes oder wie eine Grundfeste.

Die Unterarme liegen leicht abgewinkelt auf den Oberschenkeln, und die Hände hängen offen zwischen den Beinen.

Wenn ich so dasitze, komme ich mir oft vor wie eine Kerze und die hochstrebende Flamme.

Zur Konzentration blicke ich mit halb geöffneten Augen auf eine brennende Kerze, die auf einem Tisch steht. Ich fixiere einige Minuten die Flamme, bis die Augen müde werden, dann schließe ich sie. Statt der Kerzenflamme könnte man auch das Ewige Licht in der Kirche, die Monstranz, das Ziborium oder die Tabernakeltür, das Lagerfeuer, die Flammen im Kaminofen, den Mond oder einen Stern fixieren. Dann folgt die *Wortmeditation,* wie sie der hl. Ignatius von Loyola empfiehlt. In einer rhythmischen Abfolge denke und spreche ich leise mit den Lippen zwischen dem Ein- und Ausatmen ein Wort nach dem anderen, zum Beispiel: Vater — unser — im Himmel ...

Beim Einatmen nehme ich das Wort »Vater« in mich auf, beim Ausatmen gebe ich mich dem Wortinhalt hin. Beim nächsten Atemzug denke ich das Wort »unser« und atme es wieder aus. Das Gebet »Vater unser« dauert also genauso lang wie die der Wortanzahl entsprechenden Atemzüge, und bei 18 Atemzügen pro Minute dauert das Gebet etwa vier Minuten. Manchmal verspüre ich in Meditationshaltung meine Herzschläge. Wenn ich bei jedem Herzschlag eine Silbe des Gebetes denke und mit den Lippen leise spreche, nennt man es »Herzgebet«.

Das Ave Maria, das Credo, die Psalmen, die Bergpredigt, Texte aus der Heiligen Messe eignen sich ebenso wie das Vaterunser.

Man könnte die Gebete auch meditieren, indem man nach jedem Wort verweilt, für Jugendliche ist diese Art der Meditation jedoch zu anspruchsvoll.

Eine weitere Art der Wortmeditation ist das ständige Wiederholen von Stoßgebeten, zum Beispiel:

»Herr Jesus Christus, erbarme dich meiner.«

»Sohn Gottes, erbarme dich meiner.«

»Herr Jesus Christus, Sohn Gottes, erbarme dich meiner.«

Es gibt Berichte, denenzufolge dieses Jesusgebet 3000mal bis 12 000mal am Tag mit Lippen, Geist und Herz gebetet und mit dem Rosenkranz gezählt wurde, ähnlich wie ein Mantram.

Eine Litanei, das Rosenkranzgebet, der Psalter, sind ähnliche Gebetsübungen.

Man muß es erlebt haben: Wenn ich den Namen »Jesus« meditiere, indem ich beim Einatmen die Silbe »Je« und beim Ausatmen die Silbe »sus« denke, dann erspüre ich es: Gott ist Heil, das heißt nämlich das Wort »Jesus«.

Ein beglückendes Erlebnis von tiefer Geborgenheit: Gott ist Heil, Gott ist mein Vater. So werden Gebete zu Lobliedern, die den Beter beglücken.

In den Jahren seit meiner Krankheit hat mich zweierlei beeindruckt: Der Ausspruch Mutter Teresas »Es kommt im Leben nicht darauf an, was man tut, sondern, mit wieviel Liebe man etwas tut.« Und das zweite: »Das Erlebnis: Gebet macht glücklich.«

Früher hatte ich in meiner Freizeit als Kulturreferent wichtige Sitzungen zu leiten, heute betreue ich den Garten, und beim Umstechen der Erde kann ich immer beten: »Herr Jesus Christus, Sohn Gottes, erbarme dich meiner.« Oder »Keiner wird zuschanden, der auf dich harret« (Ps 25, 3) oder »Vom Aufgang der Sonne bis zu ihrem Niedergang sei gelobt der Name des Herrn« (Ps 113, 3) oder »Verlaßt euch stets auf den Herrn, denn Gott der Herr ist ein ewiger Fels« (Jes 26, 4) oder »Ich will dir den Weg zeigen, den du gehen sollst. Ich will dich mit meinen Augen leiten« (Ps 32, 8) oder »Herr, bleibe bei uns, denn es will Abend werden, und der Tag hat sich geneigt« (Lk 24, 29) oder »Gott hat uns nicht einen Geist der Verzagtheit gegeben, sondern einen Geist der Kraft, der Liebe und der Besonnenheit« (2 Tim 1, 7).

Früher hatte ich als Kommunalpolitiker wichtige Entscheidungen zu treffen und mitzutragen, heute hacke ich Holz für den Kachelofen oder trockne die Töpfe, die meine Frau spült. Neben den »niedrigen« Tätigkeiten habe ich Zeit, einfache Gebete zu denken, immerzu. Wer das noch nicht gemacht, geübt hat, ahnt nicht, welch tiefe Beglückung den stillen Beter erfüllt.

Bildmeditation

Man betrachtet ein Gemälde, eine Zeichnung, ein Symbol, eine Grafik, ein Foto, aber auch Gegenstände wie Brotlaib oder ein Kruzifix. Ich selbst meditiere oft das Bild, das Foto vom Grabtuch Jesu. Eine sehr gute Kopie aus dem Verlag des Pfarrers Karl Maria Harrer aus München hängt neben meinem Bett. Wer es noch nie geübt hat, kann es kaum glauben: Bei der Meditation dieses Jesus-Bildes tut sich etwas im Inneren des Betrachters: Erinnerungen werden wach, Gefühle werden geweckt; ich spüre Reue, Liebe und den Wunsch zur Umkehr. Für kurze Bildmeditationen eignen sich auch bestens die Faltkarten mit Farbfoto und mit dazu passender Bibelstelle.

Für 10 bis 20 Minuten lang dauernde Bildmeditationen verwende ich im Religionsunterricht Dias, die ich recht groß an die Wand projiziere und mit Musik untermale. Im Unterricht erschließen wir Bilder meist schrittweise: 1. Einstimmung und stille Besinnung auf das Bild, 2. Erschließung der Oberfläche, 3. Erste Auslegung des zu meditierenden Bildes, 4. Erschließung der Glaubensdimension, die zur Verinnerlichung führt.

Für meine Kollegen und auch für den Unterricht habe ich vor Jahren folgende Zusammenstellung verfaßt. Je nach Art des Bildes werden einzelne passende Punkte herausgegriffen.

Methode

Das Bild führt zu einer Verinnerlichung und Tiefenschau. Durch die Bildmeditation wird Theologie geschaut und gefühlt. Das Bild spricht zum Herzen. Der Betrachter kann diese Verinnerlichung an sich selbst erfahren. Geeignet hierfür ist jedes ausdrucksstarke Bild, wobei das schwarz-weiß Foto oder die Grafik zu bevorzugen sind.

1. *Einstimmung* — stille Besinnung, stummes Betrachten des Bildes evt. mit sehr leiser Meditationsmusik.

2. *Oberfläche*
   a) Was siehst du alles?
   b) Was fällt dir besonders auf?
   c) Was gefällt oder mißfällt dir besonders?

3. *Erste Auslegung des Bildes*
   d) Welche Person spricht dich an?
   e) Wenn diese Person sprechen würde, was würde sie gerade sagen oder aus ihrem Leben erzählen?
   f) Sei selber die Person, denke dich in sie hinein und erzähle in der Ich-Form von »dir«!
   g) Magst du als diese Person im Bild mit einer anderen Person oder mit einem Ding auf dem Bild eine Zwiesprache halten?
   h) Gib dem Bild einen Namen.

4. *Glaubensdimension — Transzendenz*
   i) Schließe die Augen: Was siehst du von dem Bild innerlich? Wie siehst du es?
   j) Was würdest du auf dem Bild verändern, wenn du zeichnen oder fotografieren könntest?
   k) Schreib das Bild in eine Geschichte um. »Es war einmal ...«
   l) Denk dich in den Künstler oder in den Fotografen hinein. Warum hat er das Bild gemalt oder fotografiert?
   m) Warum zeigt uns der Künstler (Fotograf) das Bild?
   n) Welcher Personengruppe soll das Bild vor allem gezeigt werden?
   o) Warum will ich mir das Bild daheim aufhängen?
   p) Wo trifft mich das Bild?
   q) Welche anderen Texte oder Bilder steigen in meiner Erinnerung auf? Nenne einen Bibeltext dazu!
   r) Lies dir dazu die entsprechende Bibelstelle.
   s) Musik oder Lied zum Ausklingen.

Biblische Meditationen

Kurze, gewichtige Aussagen der Bibel werden betrachtet, wie:
»Wer an seinem Leben hängt, verliert es;
wer aber sein Leben in dieser Welt geringachtet,
wird es bewahren bis ins ewige Leben.« (Joh 12, 25) oder
»... wenn ich schwach bin, dann bin ich stark.« (2 Kor 12, 10)

Musik-Meditation

Religiöse Lieder, Orgelkonzerte, Messen ... Obwohl ich mich für nicht musikalisch halte, liebe ich die Musik-Meditation. Zu meinen meistgehörten Platten gehören: Gregorianische Choräle und Fugen von J. S. Bach. Durch christliche Meditation allgemein erlebe ich geistliche Reinigung und Gotteserfahrung. Die Konzentration auf das Innere bringt Ruhe, befreit von Verkrampfungen und Verklemmungen und verhilft zu einer harmonischen Lebenshaltung.

Im Religionsunterricht und nicht nur in diesem »Fach« erreiche ich durch Meditation eine Verinnerlichung des Themas. Freilich muß man das Thema vorher aufbereiten, muß vorsichtig einsteigen, weil die Schüler, vor allem die 15jährigen, so sehr dem Profanen und dem Dinglichen verhaftet sind, daß sie keinen spontanen Zugang zur Meditation finden können. Dazu kommt noch, daß manche Kollegen im Religionsunterricht eine Art Lebenskunde oder Kulturgeschichte betonen.

Vorbereitung

Wie langsam und vorsichtig ich eine Meditation vorbereite, möchte ich an einem Beispiel darlegen:

Thema: Marianisches Jahr, das am Fest der Aufnahme Mariens in den Himmel, am 15. August 1988, zu Ende geht.

Zeit: Im Oktober 1987 habe ich im Polytechnischen Lehrgang mit der Aufbereitung des Themas begonnen.

1. Stunde: Aus dem Jahrbuch der Diözese Linz 1988 stellte ich mit dem Episkop Farbbilder zum Marianischen Jahr vor, und wir bearbeiteten den Text: »Aus dem Bischofswort zum Marianischen Jahr 1987 / 88.« Die Schüler berichteten, was sie über Maria wußten: Fatima, Lourdes, Medjugorje, wunderbare Heilungen. Einzelne wußten viel zu berichten.

2. Stunde: Thema »Unsere Gottesmutter und die Zeichen der Weltgeschichte.« Wir bearbeiteten den nachfolgenden Text (ab Seite 154).

3. Stunde: Film »Fatima I und II« von Pater Benno Mikocki vom Rosenkranzsühnekreuzzug in Wien.
Zu vertiefendes Thema: Die Sünde als Gottesferne.

4. Stunde: Thema »Maria hilft«. Marienheiligtümer, Mariazell und das in unserer unmittelbaren Nähe gelegene Maria Adlwang. Wallfahrer, Kirchweihrummel, Gebet und Geschäft.

5. Stunde. Es wurde die Zeit reif für eine Meditation.
Dazu hatte ich eine schwarz-weiß Grafik, DIN A 5 von der Madonna mit Kind, ein Bild, das nach einer russischen Ikone gestaltet worden war, und eine Kerze.

1. Schritt: Die Jugendlichen durften das Bild ins Heft kleben und farbig gestalten. Dabei ließ ich Panflötenmusik leise ertönen.

2. Schritt: Die Schüler durften ihre fertigen Bilder mit dem Banknachbarn leise besprechen und sagen, warum zur Gestaltung gerade diese Farben ausgesucht worden waren.

3. Schritt: Wer mit dem Gespräch fertig war, holte sich von mir einen kleinen Kerzenstumpen. Der Raum wurde etwas verdunkelt, jeder zündete sich seine Kerze an und beleuchtete damit das Bild, das er vor sich auf dem Tisch leicht schräg gestellt hinlegte.

Jeder Schüler nahm die Meditationshaltung ein. Diese kennen die Schüler von anderen Übungen.
Zehn Minuten dauerte die Meditation, die ich mit Marienliedern von der Kassette leise begleitete.

* * *

Unsere Gottesmutter

und die Zeichen der Weltgeschichte

Am 13. Juli 1917 offenbarte die Gottesmutter in Fatima über den Weltkrieg:

»Der Krieg geht seinem Ende entgegen; aber wenn man nicht aufhört, den Herrn zu beleidigen, wird nicht lange Zeit vergehen, bis ein neuer, noch schlimmerer, beginnt. Wenn ihr in einer Nacht ein unbekanntes Licht sehen werdet, so wisset, es ist das Zeichen von Gott, daß die Bestrafung der Welt für ihre vielen Verbrechen nahe ist: Krieg, Hungersnot, Verfolgung der Kirche und des Heiligen Vaters. Um dies zu verhindern, werde ich kommen mit der Bitte, Rußland meinem unbefleckten Herzen zu weihen und die Sühnekommunion am ersten Samstag des Monats einzuführen.

Wenn man meine Bitten erfüllt, wird sich Rußland bekehren, und es wird Friede sein. Wenn nicht, so wird Rußland seine Irrtümer in der Welt verbreiten, Kriege und Verfolgungen der Kirche hervorrufen; viele Gute werden gemartert werden; der Heilige Vater wird viel zu leiden haben; mehrere Nationen werden vernichtet werden.«

Die Prophezeiungen der Gottesmutter erfüllten sich: Der Erste Weltkrieg war bald aus. Aber die Menschen änderten sich nicht. So erfüllte sich die Voraussage mit dem unbekannten Licht, und der Zweite Weltkrieg kam:

25./26.1.1938: Man sah über ganz Europa am nächtlichen Himmel ein außergewöhnliches Nordlicht.

März 1938: Der Zweite Weltkrieg begann.

Nach den anfänglichen Siegen hatte Hitler im Hinblick auf den sicher zu erwartenden erfolgreichen Ausgang des Krieges seinen Parteifunktionären im voraus die Weisung erteilt, als ersten Teil der Siegesfeier jeden katholischen Geistlichen auf dem Dorfplatz aufzuhängen. Und Dr. Albrecht vom Stabe Bormanns forderte u. a.: »Die Kirchen und das Christentum müssen vernichtet werden.«

Wie die Gottesmutter eingreift

Im Mai 1917	begann Lenin, der radikale russische Sozialistenführer, seine Propaganda zur bolschewistischen Weltherrschaft.
Am 13.5.1917	begannen die Erscheinungen der Muttergottes in Fatima. Es begann die Propaganda zur Errichtung des Friedensreiches Christi.
Bis Okt. 1917	dauerte die revolutionäre Tätigkeit des Bolschewismus und endete mit der berüchtigten Oktober-Revolution.
Bis Okt. 1917	dauerte die strahlende Erscheinung der Muttergottes in Fatima und endete mit dem berühmten Sonnenwunder.
Am 13.5.1917	wurde Eugenio Pacelli zum Bischof geweiht, der nach 25 Jahren, am 31. Oktober 1942, als Papst Pius XII die Welt dem Unbefleckten Herzen Mariä weihte.

Entscheidungen an den Festen der Gottesmutter

Am 15.8.1940	größte Luftschlacht gegen England
Am 15. Aug.	ist das Hochfest Mariä Himmelfahrt
Am 15.9.1940	die entscheidende Schlacht um England, ein Mißerfolg Hitlers.
Am 15. Sept.	Fest der Sieben Schmerzen Mariä An diesen beiden Muttergottesfesten hielt England stand und sicherte damit die Grundlage zur späteren Invasion in Frankreich und zur Vernichtung des Hitlerreiches.
Am 7.12.1941	Von Brauchitsch, der Oberbefehlshaber beim Rußlandfeldzug, trat zurück, weil Hitler jeden Rückzug verbot.
Am 7. Dez.	Am Vigiltag des Festes der Unbefleckten Empfängnis Mariä kam es zum Wendepunkt im deutschen Ostkrieg. Rußland hielt gegenüber Deutschland stand.
Am 8.12.1941	Nach dem Angriff auf Paerl Harbour am 7.12.1941 kam es zur amerikanischen Kriegserklärung.

Am 8.12.1941	Am Festtage der Unbefleckten Empfängnis Mariä, führte sie die Weltmacht USA ins Ringen, jene Weltmacht, die fähig war, den Ausgang des Weltkrieges wesentlich mitzuentscheiden.
30./31.10.1942	Die gewaltige Invasionsflotte sticht von Amerika aus in See.
Am 31.10.1942	Papst Pius XII. weiht die Welt dem Unbefleckten Herzen Mariä.
Am 2.2.1943	Mariä Lichtmeß: Stalingrad fällt
Am 15.8.1943	Mariä Himmelfahrt: Sizilien fällt
Am 8.9.1943	Mariä Geburt: Italien kapituliert
Am 15.8.1944	Mariä Himmelfahrt: Landung in Toulon. Die deutsche Westfront wird von Süden her in ihrer ganzen Länge aufgerollt.
Am 12.9.1944	Mariä Namen: Die Alliierten überschreiten die Reichsgrenze.
Am 8.5.1945	Tag des Sieges über Hitlerdeutschland Der Hl. Erzengel Michael ist der Patron des christlichen Abendlandes.
Am 8.5.1945	Am Festtage der Erscheinung des Erzengels Michael auf dem Monte Gargano kapitulierte die letzte deutsche Heeresgruppe
Am 15.8.1945	Mariä Himmelfahrt: Japan kapituliert

Als die Gottesmutter während des russischen Feldzuges 1941 über der Ostfront erschien (das wurde selbst von fanatischen Nationalsozialisten berichtet) prophezeite die Gottesmutter, daß der Krieg zwischen den zwei Hauptfesten entschieden wird. Auch diese Vorhersage traf ein (8.12.1941: Amerika trat in den Krieg ein, und 15.8.1945: Japan kapitulierte).

Offenbarungen der Gottesmutter für die Zeit nach dem Zweiten Weltkrieg:

»Wenn man meine Bitten erfüllt, wird sich Rußland bekehren, und es wird Friede sein. Wenn nicht, so wird es seine Irrtümer in der Welt verbreiten, Kriege und Verfolgungen der Kirche hervorrufen; viele Gute werden gemartert werden; der Heilige Vater wird viel zu leiden haben; mehrere Nationen werden vernichtet werden.«

Literaturhinweise:
Die Gottesmutter im Weltgeschehen, A. Meyer, Mediatrix-Verlag
Die apokalyptische Frau aller Völker, H. Baum, Christiana-Verlag
Fatima und Pius XII., J. M. Höcht, Credo-Verlag, Wiesbaden

Bibellesungen, die Hl. Messen, die Sakramente, das Gebet, das Angebot der Kirche nenne ich die fünf Säulen meines Glaubens. Diese Säulen werden gestützt von täglichen Übungen:

Meditation des Bildes Jesu vom Grabtuch von Turin,
Meditation der Rosenkranzgeheimnisse,
Offenbarungen von Fatima,
Die Schau der hl. Hildegard von Bingen.

Fatima

Es ist der ganzen Welt bekannt, daß am 13. Mai 1917 den drei Hirtenkindern Francisco, Jacinta und Lucia in Fatima in Protugal die Mutter Gottes erschienen ist. Allmonatlich, jeweils am 13. wiederholte sich die Erscheinung, und am 13. Okt. 1917 haben etwa 70000 Menschen das große Sonnenwunder gesehen. Die Echtheit der Erscheinungen und des Sonnenwunders werden weltweit nicht mehr bestritten, und die meisten Prophezeiungen der Muttergottes haben sich inzwischen erfüllt.

Die Prophezeiungen von Fatima haben sich erfüllt

Dr. Robert Koch, Geschichtsexperte von der Universität in München, schreibt in seiner Schrift »Moskau-Rom-Fatima« über die Geschichte als Heilsgeschichte im Spiegel der Botschaft von Fatima. In Anlehnung daran darf ich die 24 Seiten zusammenfassen und anschaulich darstellen:

Prophezeiungen der Mutter Gottes	*und wie sie sich erfüllt haben*
»Der Krieg geht seinem Ende entgegen.«	1918 war der Erste Weltkrieg zu Ende.
»Aber wenn man nicht aufhört, den Herrn zu beleidigen ...«	1922 wurden in Rußland 2690 Weltpriester, 1962 Mönche, 3447 Nonnen wegen ihres Glaubens umgebracht. 1925 entstand in Rußland der Bund der Gottlosen, der bis 1933 über 9 Millionen Mitglieder hatte. 1937 schlossen sich Vertreter von 46 Staaten dem Bund der Gottlosen an. 1929 wurden in Moskau allein 50 Kirchengebäude dem Erdboden gleichgemacht. Wörtliche Erklärung von hohen Politikern: »Wir wollen alle Kirchen der ganzen Welt in einem ungeheuren Flammenmeer entzünden.« — »Wir hassen die Christen!«
»... wird nicht lange Zeit vergehen, bis ein neuer, noch schlimmerer (Krieg) beginnt«	Mit der Besetzung Österreichs durch Hitler im März 1938 begann der Zweite Weltkrieg.
»... es wird das während des Pontifikates Pius XI. geschehen.«	Pius XI. war Papst bis 10.2.1939
»Wenn ihr dann eines Nachts ein unbekanntes Licht sehen werdet, so wisset, es ist das Zeichen von Gott, daß die Bestrafung der Welt für ihre vielen Verbrechen nahe ist.«	In der Nacht vom 25. zum 26. Januar 1938 sah man von 20-23 Uhr überall in Westeuropa ein Leuchten, das von Tiefrot nach Violett hinüberspielte.

»Krieg, Hungersnot und Verfolgungen der Kirche und des Hl. Vaters.«

Bis 15. Aug. 1945 gab es 56 Millionen Tote, mehr als 21 Millionen Heimatlose; Hunger und Elend in ganz Europa. Abertausende Priester und aufrechte Christen wurden in Konzentrationslagern ermordet, Kirchen zerstört, und der Heilige Vater war in großer Bedrängnis.

»... will ich bitten, Rußland meinem unbefleckten Herzen zu weihen, und die Sühnekommunion am ersten Samstag des Monats einzuführen.«

Im Juli 1942 weihte Papst Pius XII die ganze Welt dem unbefleckten Herzen Mariä, am 8. Dez. 1942 wiederholte er die Weihe in feierlicher Weise im Petersdom. Hitler begann zu verlieren: 31. Okt. 1942 Schlacht bei El Alamein, Rückzug der Deutschen. Nov. 1942 die Einkesselung von Stalingrad beginnt, die am 2. Febr. 1943 die deutsche Armee zur Kapitulation zwingt.

»Wenn man meine Bitten erfüllt, wird Rußland sich bekehren, und es wird Friede sein.«

Die Bekehrung Rußlands ist im Gange, Frucht des Rosenkranzgebetes von Millionen Menschen.

»Wenn nicht, so wird es (Rußland) seine Irrtümer in der Welt verbreiten, Krieg und Verfolgungen der Kirche hervorrufen; die Gerechten werden gemartert werden ...«

Ein hoher russischer Politiker bekannte: »Wir hassen die Christen ... Sie predigen die Liebe und Barmherzigkeit zum Nachbarn, wir aber wollen Haß haben! Wir müssen hassen lernen, denn nur um diesen Preis können wir die Welt erobern.«*

---

* Univ.-Prof. Dr. R. Konrad, Moskau-Rom-Fatima, S. 8

»... der Heilige Vater wird viel zu leiden haben«	Am 13. Mai 1981: Attentat auf Papst Johannes Paul II. Der Hl. Vater ist nur knapp dem Tod entgangen und hat viel gelitten. (Es war ein 13. Mai!)
»... mehrere Nationen werden vernichtet werden ...«	Angesichts der ungeheueren Menge von gespeicherten Nuklearsprengköpfen ist eine totale Vernichtung von ganzen Nationen denkbar und möglich.
»Am Ende wird mein Unbeflecktes Herz triumphieren, der Hl. Vater wird mir Rußland, das sich bekehren wird, weihen, und der Welt wird einige Zeit des Friedens geschenkt werden.«	Erfüllung noch offen.

Was sollen wir tun?

Maria fordert von uns das tägliche Rosenkranzgebet und Opferbereitschaft. Ein Gelehrter hat nachgeforscht, was die Päpste zum Rosenkranzgebet gesagt haben: »48 Päpste haben sich in 287 Rundschreiben und anderen Urkunden für den Rosenkranz ausgesprochen. Der Schwerpunkt liegt eindeutig bei den letzten Päpsten.«*

Altbischof Dr. Rudolf Graber sagte: »Wenn ich weiß, daß ich die Welt durch Gebet und Opfer vor der Vernichtung ganzer Nationen bewahren kann, ist es ein Verbrechen an der Menschheit, wenn ich diese Mittel nicht anwende.«**

Papst Pius XII. hat prägnant formuliert: »Der Kampf, in dem wir heute stehen, ist weniger ein solcher politischer Art zwischen Ost und West, zwischen den freien und nicht freien Völkern der Welt, sondern im Grunde genommen ein Kampf auf Leben und Tod, und dieser Kampf heißt Moskau oder Rom, Hölle oder Himmel, Luzifer oder Maria, Kommunist oder Christ, Haß oder Liebe.«**

---

* Dr. Robert Koch, Moskau-Rom-Fatima, S. 19

** Dr. Robert Koch, Moskau-Rom-Fatima, S. 20

Warum sollen wir den Rosenkranz beten?

Um eine Abkehr von unseren Sünden zu bewirken. Unter Sünde verstehe ich die Abkehr von Gott. Ich verstehe darunter die Rüstungsexplosion, die Kriege auf der ganzen Welt, die Zulassung der Verarmung ganzer Völker der Dritten Welt, die Zulassung des Hungers, die Abtreibung, die Zerstörung der Umwelt, die atomare Verseuchung, die Arbeitslosigkeit, Drogen, die Zuwendung zu modernen Götzen, die Selbstvergötterung. Der Evangelist Lukas mahnt zur Umkehr: »Ihr werdet genauso umkommen, wenn ihr euch nicht bekehrt.« (Lk 13, 3)

Papst Paul VI. sagte: »Die Erneuerung des einzelnen und der Gesellschaft ist ein so großes Unternehmen, daß wir notwendig die Hände ausstrecken nach einer Hilfe, diese Hilfe ist Maria.«

Beten hilft!

Mit dem Rosenkranzgebet haben viele Menschen ihr persönliches Leben gemeistert. Ich denke dabei an Mutter Teresa von Kalkutta, die sich an den Rosenkranz klammerte, als sie gemeinsam mit Gina Lollobrigida im Sportpalast von Bologna auftrat. Die Veranstaltung hieß »Ein Zeichen für das Leben.« Ich denke auch an die vielen Kranken und Notleidenden, die im Rosenkranzgebet Hilfe und Trost finden.

Mit dem Rosenkranz wurde aber auch manche Notsituation ganzer Völker abgewendet: Portugal war nicht in den Zweiten Weltkrieg verwickelt, die Beter in Österreich haben bewirkt, daß 1955 durch den Staatsvertrag die Freiheit wieder erreicht wurde, 1986 wurden die Philippinen von der Tyrannei befreit.

Beten befreit

In der Linzer Kirchenzeitung vom 8. Sept. 1985 lese ich von der Befreiung Österreichs 1955.

»Vor allem möchte ich meinen Dank sagen dem Herrgott, daß wir diese Stunde für Österreich erleben durften«, sagte Bundeskanzler Raab nach der Heimkehr von den Moskauer Verhandlungen im April 1955. Bei der Maria-Namen-Feier im September desselben Jahres sprach Raab auf jenem Heldenplatz, auf dem 1938 die Unfreiheit ihren traurig umjubelten Anfang nahm, das schlichte

Dankgebet: »Wir sind frei! Maria, wir danken dir.« Diese Worte fielen nicht von ungefähr, denn die Staatsvertragspolitiker Raab und Figl beteten seit Jahren so wie Hunderttausende Österreicher im Rosenkranz-Sühnekreuzzug für die Freiheit ihres Landes.

Der Wiener Franziskanerpater Petrus Pavliček nahm die Verheißung Marias ernst: »Tut, was ich euch sage: Betet täglich den Rosenkranz, und es wird Friede sein.« Er organisierte den Rosenkranz-Sühnekreuzzug, dem 1950 schon 200 000 Menschen angehörten, auch Raab und Figl.

1954 lehnte die UdSSR das österreichische Neutralitätskonzept ab, man wollte bis zur Regelung der deutschen Frage (bis heute!?) in Österreich die Truppen stationiert haben.

Das Motto der Maria-Namen-Feier lautete »Österreich, macht- und wehrlos, aber nicht hilflos«. 60 000 waren gekommen, um die Fürbitte der Gottesmutter zu erbitten. Auch der 8. Dezember, das Immakulatafest, wurde wieder eingeführt.

Karasek beschreibt die Situation im Februar 1955: »Als buchstäblich niemand mehr an einen Wechsel der Dinge glauben kann, tritt eine Wende ein.« Maria hilft. Und die Kirchenzeitung schreibt weiter: »Moskau signalisiert eine Lösung der österreichischen Frage; eine Geste der Entspannung, aber auch ein Vorstoß, um eine Einbindung Westösterreichs in die NATO zu verhindern.« Am 15. Mai 1955 war Österreich frei.

Beten heilt, das kann ich beweisen

Die berühmte Zeitung »Medical Tribune« schreibt am 14. März 1986 von der Studie des Professors der University of California, Dr. Randy Byrd. Er ist Arzt, ein Herzspezialist, ein berühmter Kardiologe aus San Francisco, und hat eindeutig nachgewiesen, daß das Beten hilft.

Dr. Byrd verglich die Genesung von etwa 400 gleich kranken Herzpatienten. Für 200 der Vergleichspersonen ersuchte er gläubige Katholiken, Protestanten und Juden, für die Kranken zu beten. Den Fürbittern waren Namen, Diagnose und Gesundheitszustand der Patienten bekannt. Und jetzt die Überraschung: Kranke, für die gebetet wurde, genasen schneller. Ich zitiere den Bericht: »Patienten, für die gebetet wurde, benötigten laut Dr. Byrd bedeutend seltener Antibiotika (3 gegenüber 16), erlitten seltener Lungenödeme

(6 gegenüber 18) und mußten im Gegensatz zu 12 Patienten der Kontrollgruppe in keinem einzigen Fall intubiert werden.«

Im Jakobusbrief heißt es: »Darum bekennt einander eure Sünden und betet füreinander, damit ihr geheilt werdet. Viel vermag das inständige Gebet eines Gerechten« (Jak 5, 16).

Beten hilft, das ist hiermit bewiesen. Gläubige Christen und auch Juden wußten das schon immer.

Mehr geistliche Tiefe allgemein

Im Oktober 1986 habe ich in der Zeitung über die Rückkehr der Menschen zur Religiosität gelesen.

Das amerikanische Meinungsforschungsinstitut George Gallup behauptet, daß die Menschen in den letzten Jahren immer mehr »geistliche Tiefe« suchen und sich immer mehr von nichtreligiösen Ideologien abwenden. Nach den neuesten Umfragen sollen sich 1986 79% der Weltbevölkerung als »religiös« bezeichnet haben. Die Zahl der bekennenden Atheisten soll im gleichen Zeitraum von 13 auf 4,4% gesunken sein.

Gallup sagt aber gleichzeitig, daß es um das Christentum im sogenannten »christlichen Abendland« schlecht bestellt sei. Die meisten Europäer glauben zwar an ein »höheres Wesen«, aber nicht mehr an den persönlichen Gott, wie ihn die Heilige Schrift bezeugt. Der Gott der Bibel ist unmodern geworden.

In Deutschland, so hat Gallup herausgefunden, glaubt weniger als ein Drittel der Bevölkerung an einen persönlichen Gott. Westeuropa sei, so ergab die Umfrage, im Bewußtsein weiter Bevölkerungsteile kein christlicher Kontinent mehr.

Rosenkranzbeten, aber wie?

Zunächst zwei Feststellungen: Rosenkranzbeten ist in Österreich dank dem Rosenkranzsühnekreuzzug wieder gesellschaftsfähig geworden, und die Wirksamkeit des Gebetes ist nicht mehr umstritten.

Mir persönlich und auch den Jugendlichen hilft beim Einstieg in das Rosenkranzgebet die Meditation.

1. Stufe: Die RK-Bildmeditation und die RK-Wortmeditation. Ich habe die Erfahrung gemacht, daß Jugendliche auch aus nichtreligiösen Familien für Meditationen durchaus zu haben sind, auch wenn sie bei dem Wort »Meditation« eher hinduistische Vorstellungen haben.

Als Aufbereitung und Vorbereitung erarbeite man Bilder, wie ich dies auf Seite 150 beschrieben habe. Man braucht dazu allerdings gute Bilder oder Grafiken zu den einzelnen Rosenkranzgeheimnissen.* Nach einigen Bildern, zum Beispiel vom auferstandenen Herrn oder von der Geistsendung oder der Empfängnis Mariens, erarbeite ich die weltgeschichtliche Dimension des Gebetes nach der Darstellung ab Seite 158. Auch meine eigenen beglückenden Meditationserlebnisse bringe ich ein. Bilder vom Glaubensbekenntnis, vom Vaterunser, vom Gegrüßet seist du Maria, und natürlich alle Rosenkranzgeheimnisse habe ich fotografiert, und die Dias projiziere ich recht groß auf eine Leinwand. Die Schüler sitzen im Halbkreis in Meditationshaltung davor und betrachten etwa 10 Minuten lang. Dazu spreche ich halblaut die Gebete des Rosenkranzes und wiederhole sie mehrmals oder ich lasse im Hintergrund Bach-Fugen oder Gregorianische Choräle leise ertönen.

2. *Stufe:* Wir beten ein Gesätzchen vom Rosenkranz. Als Konzentrationshilfe hat jeder in der Gruppe ein Meditationsbild liegen und einen Kerzenstumpen, der es erhellt. Ich habe auch schon die Tonbandkassette »Rosenkranzbeten mit Pfarrer Karl Maria Harrer« eingesetzt. Mit folgenden Worten im Begleittext zur Kassette lädt der Pfarrer zum Beten ein: »Mit diesen Kassetten erhalten Sie die Möglichkeit, mit Stadtpfarrer Karl Maria Harrer und einer kleinen Gebetsgruppe den Rosenkranzpsalter und den Immaculata-Rosenkranz mitzubeten. Für alle jene soll es eine Hilfe sein, die unter Zerstreuung und Einsamkeit beim Beten leiden. Sie sollen mit dazu beitragen, die von Maria bei ihren Erscheinungen so oft geäußerte Bitte nach dem täglichen Rosenkranzgebet erfüllen zu helfen. Schwester Lucia von Fatima sagt: Es gibt kein Problem, das mit dem Rosenkranz nicht gelöst werden könnte!«

3. *Stufe:* Rosenkranzmeditation ohne Hilfsmittel in einer Kapelle oder einer Kirche.

4. *Stufe:* Rosenkranzbeten alleine oder in der Familie.

---

* Große Geheimnisse unseres Glaubens, Bildmeditationen über das wunderbare Wirken Gottes, Mediatrix-Verlag 1988

Maria, die Rosenkranzkönigin

Maria sprach in Fatima: »Im Oktober werde ich das Wunder wirken, damit alle zum Glauben gelangen mögen.«

Etwa 70 000 Menschen waren am 13. Oktober 1917 in der Cova da Iria in Fatima versammelt. Plötzlich schrie Lucia: »Schaut, die Sonne!« Der Regen hörte plötzlich auf, die Wolken rissen auseinander, und die Sonnenscheibe wurde sichtbar, silbern wie der Mond. Mit einem Male begann sie wie ein Feuerrad sich um sich selbst zu drehen, nach allen Seiten Lichtbündel in immer wechselnden Farben aussendend: gelb, grün, rot, blau, violett ... Plötzlich schien es, als ob sie sich vom Firmament loslöste, um in Zickzack-Sprüngen auf die Menschenmenge herabzufallen. Die Leute glaubten, das Ende der Welt sei gekommen. Sie warfen sich in den Schlamm auf die Knie und beteten laut: »Ave Maria!« — »Ich glaube an Gott!« — »Mein Gott, Barmherzigkeit!« — »Jesus, verzeih mir meine Sünden!«

Nach gut 10 Minuten kehrte die Sonne wieder an ihren Ort zurück und erstrahlte wieder in ihrem alten Glanz. 70 000 Menschen haben dieses Wunder gesehen. — Es geschah, damit wir glauben!

(Aus Fatima-Pionier, Mai 83/16)

Was sollen wir glauben? Maria empfahl sechsmal, die Menschen sollen alle Tage den Rosenkranz beten. Die Leute sollen sich bessern und um Verzeihung ihrer Sünden bitten.

Wie wird der Rosenkranz gebetet?

Zuerst betest Du das Glaubensbekenntnis:

Ich glaube an Gott, den Vater, den Allmächtigen,
den Schöpfer des Himmels und der Erde,
und an Jesus Christus,
Seinen eingeborenen Sohn, unsern Herrn,
empfangen durch den Heiligen Geist,
geboren von der Jungfrau Maria,
gelitten unter Pontius Pilatus,
gekreuzigt, gestorben und begraben,
hinabgestiegen in das Reich des Todes,
am dritten Tage auferstanden von den Toten,
aufgefahren in den Himmel;

Er sitzt zur Rechten Gottes, des allmächtigen Vaters;
von dort wird er kommen,
zu richten die Lebenden und die Toten.
Ich glaube an den Heiligen Geist,
die heilige katholische Kirche,
Gemeinschaft der Heiligen,
Vergebung der Sünden,
Auferstehung der Toten und das ewige Leben. Amen.

Dann betest Du das Vater-unser und 3 Gegrüßest-seist-Du-Maria, wobei Du nach dem Wort »Jesus« jeweils hinzufügst:

1. Der in uns den Glauben vermehre,
2. Der in uns die Hoffnung stärke,
3. Der in uns die Liebe entzünde.

Danach:
»Ehre sei dem Vater und dem Sohn und dem Heiligen Geist,
wie im Anfang, so auch jetzt und allezeit und in Ewigkeit. Amen.«

Montag und Donnerstag betest Du den freudenreichen Rosenkranz, Dienstag und Freitag den schmerzhaften, Mittwoch und Samstag den glorreichen Rosenkranz. Am Sonntag richte Dich nach dem Kirchenjahr.

Jedes Gesätzchen des Rosenkranzes beginnt mit dem Vaterunser (große Perle), dann betest Du die 10 Gegrüßest-seist-Du-Maria (kleine Perlen) und fügst nach dem Wort »Jesus« jeweils das Geheimnis hinzu (z. B. »Jesus, den Du, o Jungfrau, vom Heiligen Geist empfangen hast«.)

Am Schluß des Gesätzchens betest Du: »Ehre sei dem Vater...«

Nach jedem Gesätzchen bete:
»O Jesus, verzeih uns unsere Sünden!
Bewahre uns vor dem Feuer der Hölle!
Führe alle Seelen in den Himmel,
besonders jene,
die Deiner Barmherzigkeit am meisten bedürfen.«

Der freudenreiche Rosenkranz

1. Den Du, o Jungfrau, vom Heiligen Geist empfangen hast.
2. Den Du, o Jungfrau, zu Elisabeth getragen hast.
3. Den Du, o Jungfrau, zu Bethlehem geboren hast.
4. Den Du, o Jungfrau, im Tempel aufgeopfert hast.
5. Den Du, o Jungfrau, im Tempel wiedergefunden hast.

Der schmerzhafte Rosenkranz

1. Der für uns Blut geschwitzt hat.
2. Der für uns gegeißelt worden ist.
3. Der für uns mit Dornen gekrönt worden ist.
4. Der für uns das schwere Kreuz getragen hat.
5. Der für uns gekreuzigt worden ist.

Der glorreiche Rosenkranz

1. Der von den Toten auferstanden ist.
2. Der in den Himmel aufgefahren ist.
3. Der uns den Hl. Geist gesandt hat.
4. Der Dich, o Jungfrau, in den Himmel aufgenommen hat.
5. Der Dich, o Jungfrau, im Himmel gekrönt hat.

Gebet ohne Unterlaß

Paulus schreibt an die Thessalonicher: »Freut euch zu jeder Zeit! Betet ohne Unterlaß! Dankt für alles; denn das will Gott von euch, die ihr Christus Jesus gehört. Löscht den Geist nicht aus!« (1 Thess 5, 16-19).

Aus der Bergpredigt: »Bittet, und es wird euch gegeben werden; sucht, und ihr werdet finden; klopft an, und es wird euch aufgetan." (Mt 7, 7).

Paulus schreibt an die Epheser: »Nehmt den Helm des Heils und das Schwert des Geistes. Hört nicht auf zu beten und zu flehen! Betet jederzeit im Geist: Seid wachsam, harrt aus und bittet für alle Heiligen« (Eph 6, 18).

An die Kolosser schreibt Paulus: »Laßt nicht nach im Beten; seid dabei wachsam und dankbar!« (Kol 4, 2).

An die Philipper: »Sorgt euch um nichts, sondern bringt in jeder Lage betend und flehend eure Bitten mit Dank vor Gott!« (Phil 4, 6).

»Wie können wir Gott euretwegen genug danken für all die Freude, die uns um euretwillen vor unserem Gott erfüllt?« (1 Thess 3, 9).

»Im übrigen, Brüder, betet für uns, damit das Wort des Herrn sich ausbreitet und verherrlicht wird, ebenso wie bei euch. Betet auch darum, daß wir vor den bösen und schlechten Menschen gerettet werden; denn nicht alle nehmen den Glauben an« (2 Thess 3, 1-2).

»Denn: Einer ist Gott, einer auch Mittler zwischen Gott und den Menschen: Christus Jesus« (1 Tim 2, 5).

Betet ohne Unterlaß!

* * *

Sankt Hildegard

Unsere geistige Wanderung begann mit Fragen von Jugendlichen über geistliche oder okkulte Themen. Wir spannten einen Bogen von der gegenwärtigen Moderne, vom New Age über die Altmeister der europäischen Meditation bis zu den Muttergottes-Erscheinungen in Fatima. Und nun tut sich uns ein weiterer hochinteressanter Bereich im Leben diesseits und jenseits auf, nämlich die Bilder und Erkenntnisse, welche die hl. Hildegard von Bingen geschaut hat: Vor mehr als 800 Jahren geschah etwas in der Menschheitsgeschichte Einmaliges: Gott gab der Benediktinerin und Äbtissin Hildegard von Bingen den Auftrag: »Schreib auf, was du siehst! Tu kund die Wunder, die du erfahren! Schreib sie auf und sprich.«

Und Hildegard schrieb auf, was sie schaute:

> Die Geheimnisse der Schöpfung und Erlösung,
> die Wunder der Natur,
> das Wesen und die Funktion des menschlichen Körpers
> sowie die Ursachen der Krankheiten.

Gott, der Schöpfer, offenbarte ihr auch,

> welche Heilmittel gegen diese Krankheiten in die Natur gelegt wurden.

Hildegard von Bingen lebte fast beständig in einem visionären Zustand, der sich bisweilen zu einem höchsten Grad steigerte. Das durchlaufende Thema ihrer Visionen ist die

> volle Einheit der Schöpfung,
> Einheit in der Engelswelt,
> Einheit in der Natur, von Pflanzen und Tieren,
> Einheit im Sinnesleben, im Seelenringen und im Gnadenwirken.

Gerade jetzt, vor dem drohenden Untergang, hat es die Menschheit bitter nötig, die Einheit der Schöpfung zu erkennen und in Einheit mit ihr zu leben.

Ich las die Bücher der hl. Hildegard und die vielen Werke ihrer begnadeten Interpreten, so tut sich eine ganz neue Welt auf, die ich mit »Allversöhnung« oder

»Versöhnung der Geschöpfe« bezeichnen möchte.

»Versöhnung, nicht Verschwörung!« möchte ich ausrufen.

Ich wende mich ab von den Verschwörern, die vorgeben, ein moderneres, ein neues Zeitalter einläuten zu können und wende mich zu dem Licht der Versöhnung, das Hildegard geschaut und übermittelt hat.

Ich glaube nicht mehr an die Götzen der Moderne, die sich einer dunklen kosmisch-irdischen Allmacht bedienen, um selbst Gott aus Götzen zu werden, sondern ich glaube an die in den Geschöpfen und in der Schöpfung innewohnende versöhnende Kraft, die Gott, unser aller Vater zum Heil der Menschen in alle Pflanzen, Tiere, in die Elemente, Sonnen und Sterne hineingelegt hat. Sankt Hildegard tut uns eine neue Welt auf.

Hier einige Kostproben von Hildegard:

»Pflege das Leben, wo immer du es triffst!«

»Das Werk aller Werke Gottes ist der Mensch.«

»Dein Herz werde von der reinen Quelle benetzt,
auf daß du mit der Sonne leuchtest.«

»Was ist die Ewigkeit? Gott.
Ewigkeit ist einzig dadurch Ewigkeit,
daß sie unendliches Leben ist.
Daher lebt Gott in Ewigkeit.«

»Richte dich zu Gott empor,
denn deine Zeit kommt schnell!«

»Sei ein lichter Stern,
leuchtend in der Finsternis schlechter Menschen.«

»Die ganze Natur sollte dem Menschen
zur Verfügung stehen,
auf daß er mit ihr wirke,
weil ja der Mensch ohne sie
weder leben noch bestehen kann.«

Literaturverzeichnis

Albanese, Giovanni: ***So sprach Jesus,*** Veritas-Verlag, Wien

Baum, Hans: ***Die apokalyptische Frau aller Völker,*** Christiana-Verlag

Bäumer, U.: ***Wir wollen nur deine Seele,*** CLV, Christl. Literatur-Verbreitung e. V., Bielefeld

Berger, Dr. med. Felix M.: ***Gottes Glocken schlagen Alarm,*** Mediatrix-Verlag

Bloch, Arthur: ***Murphy's Gesetze,*** Goldmann-Verlag

Bogler, P. Theodor OSB: ***Die Engel in der Welt von heute,*** Verl. Ars Liturgica

Brik, Hans Theodor: ***Die Vision der letzten Tage,*** Pattloch-Verlag

Brik Hans Theodor: ***Und nach dem Tode?,*** Veritas-Verlag

Brik Hans Theodor: ***Unheimliche Phänomene,*** Veritas-Verlag

Capra, Fritjof: ***Wendezeit***

Cumbey, Constance: ***Die sanfte Verführung,*** Verlag Schulte & Gerth, Aßlar

Carothers, Merlin: ***Ich suchte stets das Abenteuer,*** Verlag Johannes Fix

van Dam, Dr. W. C.: ***Okkultismus und christl. Glaube,*** Verlag Johannes Fix

Deistler, Gerald: ***Visionen über die Zukunft der Menschen,*** Mediatrix-Verlag

Doucet, Dr. Friedrich W.: ***Die Toten leben unter uns,*** Verlag Kremayr & Scheriau

Dürckheim, Graf Karlfried: ***Meditieren — wozu und wie,*** Herder-Verlag

ethos, Illustrierte Zeitschrift für die ganze Familie, Schwengeler-Verlag

Eberlein Gisela: ***Gesund durch Autogenes Training,*** Econ-Verlag

Felbermayr, Herbert: ***Gehet hin und bringt den Frieden,*** Eigenverlag

Ferguson, Marilyn: ***Die sanfte Verschwörung,*** Sphinx-Verlag

Führer, Univ. Prof. Dr. E.: ***Mensch und Umwelt,*** kfb-Zeitung, Oktober 1985

Gassmann, Lothar: ***Die Grünen — eine Alternative?*** Hänssler-Verlag

Geisler, Gert: ***New Age — Zeugnisse der Zeitenwende,*** esotera

Gerth, Klaus: ***Der Antichrist kommt,*** Schulte & Gerth

Gerth, Klaus: ***TOPIC,*** Wichtige Nachrichten und Kommentare

Gruber, Anna: ***Gott gab mir heilende Hände,*** Buchverlag Plieseis

Haas, Adolf: ***Ignatius von Loyola,*** geistliche Übungen, Herder-Verlag

Harrer, Pfr. Karl Maria: ***Erlebnisse mit der wunderbaren Medaille heute,*** Miriam-Verlag

Harrer, Pfr. Karl Maria: ***Die schönsten Mariengeschichten,*** Miriam-Verlag

Harrer, Pfr. Karl Maria: ***Rosenkranzbeten,*** WETO-Cassetten, Weber

Haschek, Paul: ***Werde Licht,*** Eigenverlag

Heide, Manfred: ***Irrwege des Heils,*** Verlag Schulte & Gerth, Aßlar

Höcht, J. M.: ***Fatima und Pius XII.,*** Credo-Verlag, Wiesbaden

Holzhauser, Bartholomäus: ***Prophezeiungen,*** Mediatrix-Verlag

Huber, Dr. Georges: ***Mein Engel wird von dir herziehen,*** Christiana-Verlag

Hunt, Dave / McMahon T. A.: ***Die Verführung der Christenheit,*** CLV, Bielefeld

Jobst, Mag. H.: ***New Age,*** Kath. Aktion

Josuran, Ruedi: ***Im Sumpf des Spiritismus,*** Telos-Verlag

Kaufmann Chr.: ***Körperharmonie,*** Knaur-Verlag

Koch. Univ. Prof. Dr. Robert: ***Moskau — Rom — Fatima***

König, Reinhard: ***Geheime Gehirnwäsche,*** Hänssler-Verlag

Künzli, Josef: ***Ich bin das Zeichen,*** Miriam-Verlag

Künzli, Josef: ***Eucharistische Erlebnisse,*** Miriam-Verlag

Künzli, Josef: ***Die Erscheinung in Marienfried,*** Miriam-Verlag

Kusenberg, Kurt: ***Ignatius von Loyola,*** Rowohl-Verlag

Läpple, Alfred: ***Vom Himmel sprechen,*** Verlag Ludwig Auer

Laurentin, R. / Rupčić. L: ***Das Geschehen von Medjugorje,*** Styria-Verlag

Lindemann, Dr. med. Hannes: ***Überleben im Streß — Autogenes Training,*** Bertelsmann

Lotz, Johannes B.: ***Einführung in die christliche Meditation,*** Kyrios-Verlag
Lützner, Dr. med. H.: ***Wie neugeboren durch Fasten,*** Verlag Gräfe & Unzer
Maderegger, Sepp: ***Dämonen,*** Verlag Ovilava
Merlet, Dr. med. G.: ***Magazin für Gesundheit,*** Schweizerischer Verein f. Volksgesundheit
Meyer, A.: ***Die Gottesmutter im Weltgeschehen,*** Mediatrix-Verlag
Moody, Dr. med. Raymond A.: ***Leben nach dem Tod,*** Rowohl-Verlag
Moolenburgh, Dr. med. H. C.: ***Engel als Beschützer und Helfer des Menschen,*** Verlag Bauer
Murphy, Dr. Josef: ***Die Macht Ihres Unterbewußtseins,*** Ariston-Verlag
Murphy, Dr. Josef: ***Tele — Psi / Die Macht Ihrer Gedanken,*** Verlag Das Besondere
Murphy, Dr. Josef: ***ASW / Ihre außersinnliche Kraft,*** Verlag Das Besondere
Murphy, Dr. Josef: ***Die unendliche Quelle Ihrer Kraft,*** Deutsche Buch-Gemeinschaft
Murphy, Dr. Josef: ***Das Wunder Ihres Geistes,*** Deutsche Buch-Gemeinschaft
Murphy, Dr. Josef: ***Meditationen I, II,*** Verlag Das Besondere
Osis, Karlis / Haraldson, E.: ***Der Tod — ein neuer Anfang,*** Verlag Bauer
Ouweneel, W. J. : ***Okkultismus und östliche Mystik,*** Telos-Verlag
O.Ö. Landesregierung: ***Bericht des Stat. Dienstes,*** ORF-Nachlese v. August 1987
Peale, Norman Vincent: ***Die Kraft positiven Denkens,*** Verlag Kremayr & Scheriau
Pestalozzi, Hans A.: ***Nach uns die Zukunft,*** Goldmann Sachbuch
Peters, Benedikt: ***Zeichen und Wunder,*** Schwengeler-Verlag
Peters, Emil: ***Selbsthilfe für nervöse Menschen,*** Verlag Bauer
Pollmächer, Dr. med. Trudel: ***Alternative Heilweisen,*** Ennstaler-Verlag, Steyr
Rauch, Dr. med. Erich: ***Autosuggestion und Heilung,*** Verlag K. F. Haug
Rauch, Dr. med. Erich: ***Anleitungsheft für Autosuggestionen,*** Verlag K. F. Haug
Recheis, P. Athanas OSB: ***Die Engel sind mächtige Geister,*** Veritas-Verlag
Riemkasten, Felix: ***Einkehr in die heilende Stille,*** Verlag H. Bauer
Ritter, Gerhard: ***Und die Toten leben doch,*** Ritter-Verlag
Rodewsky, P. Adolf SJ: ***Sie stehen ganz im Licht,*** Christiana-Verlag
Der Rosenkranz, Kath. Pfarramt Altenfurt, Nürnberg
Rösler, Roland: ***Rohstoff Mensch,*** Christiana-Verlag
Ruppert, Hans-Jürgen: ***New Age, Endzeit oder Wende?*** coprint-Verlag
Ruthe, Reinhold: ***Sieben Fragen, die uns plagen,*** Brendow-Verlag
Rỳzl, Dr. rer. nat. Milan: ***Der Tod und was danach kommt,*** Ariston-Verlag
Satura Vladimir: ***Religion und seelische Gesundheit,*** Veritas-Verlag
Satura, Vladimir: ***Meditation,*** Verlag St. Peter Salzburg
Schäfer Hans: ***Dein Glaube hat dich gesund gemacht,*** Herderbücherei
Schiller, Karl Erwin: ***Der Christusglaube kann dich heilen,*** Veritas-Verlag
Siegen, Johann: ***Der Erzengel Michael,*** Christiana-Verlag
Sherwood, Keith: ***Die Kunst spirituellen Heilens,*** Verlag H. Bauer
Speckbacher, Franz: ***Garabandal ... Donnerstag 20.30 Uhr,*** Mediatrix-Verlag
Staudinger, P. Odo: ***Wie dankbar die armen Seelen sind,*** Verlag Franz Reisinger, Wels
Steindl-Rast: ***Fülle und Nichts — Wiedergeburt christl. Mystik,*** Dianus-Trikont-Verlag, München
Stocker, Josef: ***Reinigung der Erde,*** Mediatrix-Verlag
Swihart, Philipp J.: ***Der Tod — wirklich anders?*** Verlag der Liebenzeller Mission
Wolf, Dr. med. Ulrich: ***Schmerzfrei durch Akupressur und Akupunktur,*** Econ-Verlag
Weber-Keimer Chr. M. / Ifsits E.: ***Meditieren mit Maria,*** Rosenkranz-Sühnekreuzzug
Die Wende, Nr. 43 v. 25.10. 1981 und Nr. 44 v. 1.11.1981
Weigl, A. M.: ***Schutzengel-Erlebnisse,*** Verlag St. Grignionhaus Altötting
Wilder A. E. — Smith: ***Allversöhnung: Ausweg oder Irrweg?,*** Prodromos-Serie Nr. 5
Zischkin Otto: ***Gebete um Verzeihung und Erlösung,*** Mediatrix-Verlag